कनुप्रिया

एक पुनःपाठ

कनुप्रिया

एक पुनःपाठ

धर्मवीर भारती की कालजयी रचना का पुनःपाठ

सम्पादक
दिनेश कुमार

वाणी प्रकाशन
प्रकाशन के उत्कृष्टतम 60 वर्ष

सजिल्द प्रथम संस्करण : 2023

vaniprakashan.com

वाणी प्रकाशन

4695, 21-ए, दरियागंज, नयी दिल्ली-110 002

फ ोन : +91 11 23273167, 23275710

शाखाएँ

अशोक राजपथ, पटना-800 004, बिहार

कॉफ़ी हाउस कैम्पस, महात्मा गांधी मार्ग, इलाहाबाद-211 001, उत्तर प्रदेश

महात्मा गांधी अन्तरराष्ट्रीय हिन्दी विश्वविद्यालय, वर्धा-442 001, महाराष्ट्र

36/ए, शेक्सपियर सरणी, रानी बिरला गर्ल्स कॉलेज के पास, कोलकाता-700 017, प. बंगाल

sales@vaniprakashan.in
vaniprakashan@gmail.com

Kanupriya : Ek Punahpath
Edited by Dinesh Kumar

ISBN : 978-93-5775-395-1
Criticism

मूल्य : ₹ 495

आर. टेक ऑफ़सेट प्रिंटर्स, दिल्ली-110 032 में मुद्रित

वाणी प्रकाशन का लोगो मक़बूल फ़िदा हुसेन की कूची से

'कनुप्रिया' की आधुनिकता

'कनुप्रिया' के प्रकाशित होने के पूर्व धर्मवीर भारती एक सशक्त रचनाकार के तौर पर स्थापित हो चुके थे। 'गुनाहों का देवता' ने जहाँ लोकप्रियता में सबको पीछे छोड़ दिया था, वहीं 'सूरज का सातवाँ घोड़ा' और 'अन्धा-युग' ने तत्कालीन बौद्धिक-रचनात्मक परिवेश में गम्भीर हस्तक्षेप किया था। उनकी लगभग सभी महत्त्वपूर्ण रचनाएँ प्रगतिशील साहित्यिक मानदण्डों के प्रतिपक्ष में हैं। अगर यह कहा जाये कि धर्मवीर भारती ही सही मायने में 'परिमल' का रचनात्मक नेतृत्व कर रहे थे तो कोई अतियुक्ति नहीं होगी। इतिहास एवं इतिहासवाद का नकार और क्षण की प्रतिष्ठा उनकी कृतियों के मूल में है। राजनीति के स्तर पर भारती की रचनाशीलता मूलतः वामपन्थ विरोधी रही है। 'कनुप्रिया' भी उनकी इस वैचारिकता का अपवाद नहीं है।

छठे दशक के घोर वैचारिक टकराहटों के बीच 'अन्धा-युग' को एक सफल कृति के रूप में स्वीकृति मिल गयी। वैचारिक सहमति-असहमति से परे 'अन्ध ा-युग' को व्यापक स्वीकार्यता मिली। यह स्वीकार्यता लगभग आज भी बरकरार है। पर 'कनुप्रिया' का वैसा स्वागत नहीं हुआ। भारती ने प्रकाशन पूर्व 'कनुप्रिया' का भी 'परिमल' की गोष्ठियों में पाठ किया था और उसका अंश भी 'नयी कविता' में पहले-पहल प्रकाशित हुआ था। 'कनुप्रिया' को लेकर 'परिमल' के भीतर आश्वस्ति नहीं बल्कि संशय का माहौल था। इसके रोमांटिक भावबोध के साथ 'परिमल' अपने आपको बहुत सहज नहीं पा रहा था। जब 'परिमल' की यह स्थिति थी, जिसके सक्रिय सदस्य भारती थे, तो प्रगतिशीलों की चुप्पी या विरोध को स्वाभाविक ही मानना चाहिए। यह कम दिलचस्प नहीं है कि 'परिमल' को बौद्धिक आधार देने वाले आलोचक विजयदेव नारायण साही और नयी कविता के सबसे समर्थ प्रगतिशील आलोचक नामवर सिंह भिन्न दृष्टियों के होते हुए भी इस बात पर एकमत हैं कि भारती रोमांटिक भावबोध के कवि हैं। यह रोमांटिक भावबोध उनकी दृष्टि में आधुनिक भावबोध का विरोधी है। दोनों ही मानते हैं

कि नयी कविता के विकास में सबसे बड़ा बाधक छायावादी संस्कार है। अज्ञेय तो घोषित रूप से रोमानी भावुकता के विरोधी थे। प्रयोगवाद का पूरा आन्दोलन ही एक तरह से ग़ैर-रोमांटिक कविता का आन्दोलन था। ऐसे वातावरण में 'कनुप्रिया' का स्वागत कैसे हो सकता था, जबकि लेखक ने स्वयं यह घोषित कर दिया था कि 'उसकी (कनुप्रिया) मूलवृत्ति संशय या जिज्ञासा नहीं, भावाकुल तन्मयता है।' 'प्रयोगवाद' और 'नयी कविता' के बौद्धिक वातावरण में यह सहज ही स्वीकार कर लिया गया कि तन्मयता का जीवनानुभव आधुनिक जीवनानुभव नहीं हो सकता है। आधुनिक जीवनानुभव तो संघर्ष और तनाव का है। सबसे बड़ी बात यह कि स्वातन्त्र्योत्तर मनुष्य (स्त्री या पुरुष) की मनःस्थिति का रिश्ता जटिल तनाव और द्वन्द्व से है, तन्मयता से नहीं। कहने का आशय यह है कि 'प्रयोगवाद' और 'नयी कविता' का जो काव्य निकष बना उस पर 'कनुप्रिया' ख़ारिज हो गयी। धीरे-धीरे उसे कैशोर्य प्रेम की रचना में 'अवमूल्यित कर दिया गया, जो आज भी हिन्दी पाठक का 'कॉमन सेंस' बना हुआ है। 'कनुप्रिया' की एकांगी व्याख्या से बचते हुए आज उसे सम्पूर्णता में समझने की ज़रूरत है।

साहित्य में तन्मयता की मनःस्थिति मूलतः मध्यकालीन मनःस्थिति है। भक्त-भगवान या प्रेमी-प्रेमिका के सम्बन्धों में गजब की तन्मयता है। मध्यकालीन भक्ति या प्रेम में समर्पण ही मुख्य है; सजगता-चेतनता या अपने अस्तित्व का बोध इसके दायरे से बाहर है। पर भारती ने 'कनुप्रिया' में तन्मयता के अनुभव के भीतर से आधुनिक भावबोध को सृजित किया है। 'कनुप्रिया' का विषय राध ा और कृष्ण का संयोग और वियोग है। इसके पूर्वार्द्ध में राधा और कृष्ण के बीच प्रेम की प्रगाढ़तम अनुभूति का चित्रण है। उत्तरार्द्ध अर्थात तृतीय चरण में 'इतिहास' के अन्तर्गत महाभारत काल से जीवन के अन्त तक शासक, कुटनीतिज्ञ, व्याख्याकार कृष्ण के इतिहास-निर्माण को राधा की दृष्टि से देखा गया है। राध ा यहाँ वियोग की परम्परागत मनःस्थिति से मुक्त होकर कृष्ण से कुछ मार्मिक प्रश्न करती है। इन मार्मिक प्रश्नों के माध्यम से भारती ने बड़े ही कौशल से परम्परागत राधा को आधुनिक राधा या स्त्री में परिवर्तित कर दिया है। 'कनुप्रिया' से पहले वियोग की स्थिति में प्रायः स्त्री को सर्वाधिक दुखी, पीड़ित, विवश, निरीह आदि-आदि दिखाया गया है। अतिशयोक्तिपूर्ण वर्णनों की भरमार देखने को मिलती है। प्राचीनतम् साहित्य से लेकर मैथिलीशरण गुप्त तक की रचनाओं से इस बात की पुष्टि होती है। भारती ने पहली बार स्त्री की विवशता और निरीहता को मार्मिक प्रश्नों में बदलकर गहरे आधुनिक भाव-बोध का परिचय दिया है।

इस आधुनिक भाव-बोध के कारण 'कनुप्रिया' का उत्तरार्द्ध (इतिहास खण्ड) ही उसका प्राणतत्त्व है। यह उत्तरार्द्ध ही भारती की मौलिक सृष्टि है और कृष्ण-काव्य परम्परा में उनकी अन्यतम देन भी। 'इतिहास' खण्ड में भारती ने जिस राधा को सृजित किया है, वह राधा-चरित्र के विकास की नयी मंज़िल है। 'कनुप्रिया' के प्रकाशन ने राधा के चरित्र को जड़ता से मुक्त कर आधुनिक संस्कार दिया। राधा-चरित्र के विकास की नयी सम्भावनाओं के द्वार खोल दिये, राधा-चरित्र में आये गतिरोध को दूर किया। 'कनुप्रिया' के प्रकाशन से पहले राधा के चरित्र का स्त्री दृष्टि से बहुत महत्त्व नहीं था। पर, इस रचना ने यह दिखाया कि स्त्री पक्षध ारता की दृष्टि से भी राधा का चरित्र कम मूल्यवान नहीं है। इसलिए 'कनुप्रिया' का साहित्यिक महत्त्व तो असन्दिग्ध है ही, इसके ऐतिहासिक महत्त्व को भी नज़रअन्दाज़ नहीं किया जा सकता है।

पूरी 'कनुप्रिया' राधा के लम्बे एकालाप के रूप में सृजित है—पूर्वार्द्ध भी उत्तरार्द्ध भी। कृष्ण की बात और उनकी अनुभूति को राधा ही अभिव्यक्त करती है। कृष्ण ने कब क्या कहा या क्या अनुभव किया, सबकुछ राधा ही बताती है। पूर्वार्द्ध (पूर्वराग, मंजरी परिणय, सृष्टि संकल्प) में प्रेम और प्रणय की गहन अनुभूति है, जो चरम तन्मयता के क्षणों में डूबकर सार्थकता पाती है। यहाँ राधा और कृष्ण कैशोर्य-सुलभ मनःस्थितियों के समान स्तर पर है। दोनों चरम तन्मयता का अनुभव भी समान स्तर पर करते हैं। राधा और कृष्ण का प्रेम-प्रसंग मध्ययुगीन या उससे भी पहले का है। दोनों मिथकीय चरित्र हैं। इनके प्रेम-सम्बन्ध को तन्मयता के दायरे में ही कवि अभिव्यक्त कर सकता था। वर्तमान के दबाव में वह जैसे ही मध्ययुगीन सम्बन्ध में तनाव या द्वन्द्व को दिखाने की कोशिश करता, राधा-कृष्ण का चरित्र और पूरा वातावरण ही अविश्वसनीय लगने लगता। कवि ने राधा को जबरन सजग और संशयग्रस्त नहीं बनाया है। ऐसा करके उन्होंने रचना को कृत्रिम होने से बचा लिया है। यह देखने लायक है कि तन्मयता की मनःस्थिति को अभिव्यक्त करने के लिए कवि ने मध्यकालीन काव्य-भाषा का इस्तेमाल नहीं किया है। यहाँ तक कि छायावादी काव्य-भाषा से भी परहेज़ किया है। 'कनुप्रिया' की भाषा 'नयी कविता' की बोलचाल वाली भाषा है। यह वही भाषा है जो 'लघु मानव' की भाषा है। मध्यकालीन मनःस्थिति (तन्मयता) को आधुनिक भाषा (बातचीत की भाषा) में अभिव्यक्त कर देना कोई कम बड़ी रचनात्मक उपलब्धि नहीं है। अनुभूमि और भाषा के बीच का यह तनाव 'कनुप्रिया' के काव्यबोध का एक मज़बूत आधार है।

'नयी कविता' के दौर में जिस तन्मयता की अनुभूति के कारण भारती पर प्रहार किया गया, उसी तन्मयता का उन्होंने बहुत सुन्दर रचनात्मक इस्तेमाल 'कनुप्रिया' को आधुनिक भाव-बोध से युक्त करने के लिए किया है। दरअसल, 'कनुप्रिया' के आरम्भिक तीन खण्डों में कृष्ण सहज, स्वाभाविक प्रेमी के रूप में हैं। राधा से अलग होने के बाद अन्तिम खण्ड 'इतिहास' में वे महाभारत युद्ध के नियन्ता, कूटनीतिज्ञ, गीता का उपदेश देने वाले इतिहास निर्माता के तौर पर अत्यन्त जटिल रूप में हैं। वैसे तो 'कनुप्रिया' में चार खण्ड और छोटा-सा 'समापन' है पर इसमें मूलतः दो ही खण्ड हैं। एक वह जिसमें राधा के साथ कृष्ण है और दूसरा वह जिसमें राधा के बिना कृष्ण हैं। यहाँ भारती का रचनात्मक कौशल देखिए कि एक तरफ़ प्रेमी कृष्ण और दूसरी तरफ़ युद्ध आधारित इतिहास निर्माता कृष्ण दोनों को एक-दूसरे के समानान्तर खड़ा कर दिया है। इससे पूरी कृति में एक रचनात्मक तनाव पैदा हुआ है। इस रचनात्मक तनाव के भीतर ही 'कनुप्रिया' का काव्य-बोध विकसित होता है। राधा-कृष्ण साथ वाले खण्ड में जो चरम तन्मयता है उसी का रूपान्तरण बाद में राधा के प्रश्नों में होता है। चरम तन्मयता और राधा के प्रश्नों के बीच एक रिश्ता है। ये प्रश्न चरम तन्मयता के भीतर से ही निकले हैं। इन प्रश्नों का कोई स्वतन्त्र अस्तित्व नहीं है। यहाँ चरम तन्मयता की मनःस्थिति आधुनिक भाव-बोध में बाधक नहीं, बल्कि उसके लिए अनिवार्य पृष्ठभूमि के तौर पर है।

'कनुप्रिया' से पहले की कृतियों में काव्य नायिकाएँ सिर्फ़ स्थितियों को स्वीकार करती हैं, कोई प्रश्न नहीं करती है। उनमें कोई शिकायत भाव नहीं है। अधिकांशतः पुरुष पात्रें द्वारा छोड़कर चले जाने का औचित्य सिद्ध करती हैं। ये नायिकाएँ पुरुष दृष्टि का बेहतरीन उदाहरण हैं। हरिऔध के 'प्रियप्रवास' की राध ा और मैथिलीशरण गुप्त की उर्मिला तथा यशोधरा के साथ 'कनुप्रिया' की राधा की तुलना करने पर भाव-बोध का अन्तर स्पष्ट हो जायेगा। हरिऔध की राधा को कृष्ण के चले जाने का बहुत दुख नहीं है, क्योंकि वे व्यापक समाज-कल्याण के लिए गये हैं। गुप्त की यशोधरा तो बुद्ध को जाने देने के लिए खुशी-खुशी तैयार बैठी है। उसे दुख सिर्फ़ इसका है कि 'सखि! वे मुझ से कहकर जाते।' उर्मिला भी यही कहकर अपने मन को समझाती है कि हे मन! तू प्रिय पथ का विघ्न न बन।'' इनकी तुलना में 'कनुप्रिया' की चेतना निःसंदेह बहुत आगे की है। राधा कृष्ण से पूछती है–

'सुनो कनु, सुनो
क्या मैं सिर्फ़ एक सेतु थी तुम्हारे लिए
लीला भूमि और युद्धक्षेत्र के
अलंघ्य अन्तराल में!'

प्रेमी-प्रमिका या स्त्री-पुरुष सम्बन्ध में अपनी अस्मिता को लेकर सजग होती स्त्री का यह प्रश्न है। ऐसा प्रश्न 'कनुप्रिया' से पहले नहीं पूछा गया है। राधा का ऐसा सोचना स्वाभाविक है कि अगर प्रणय की गहन अनुभूति को दोनों ने समान स्तर पर महसूस किया है तो कृष्ण उससे एकतरपफा मुक्त कैसे हो सकते हैं? अगर वे एक झटके में उन सारी अनुभूतियों से अपने को काटकर अलग खड़े हो जाते हैं तो फिर, क्या वे सारी अनुभूतियाँ निरर्थक थीं? राधा का मन संशयग्रस्त हो जाता है। तभी तो, वह पूछती है—

'उस तन्मयता में—आम्र मंजरी से सजी माँग को
तुम्हारे वक्ष में छिपा कर लजाते हुए
बेसुध होते-होते
जो मैंने सुना था
क्या उसमें भी कुछ अर्थ नहीं था?'

राधा जैसी थी, वैसी है। वह आज भी कृष्ण को अतीत की भावभूमि पर ही खड़े होकर देखती है, पर कृष्ण जो थे, अब वे बदल चुके हैं। कृष्ण का वर्तमान राधा के अतीत से मुक्त है। उन तन्मय क्षणों की कथा से अनजान हो चुका है। कृष्ण की यह अनभिज्ञता राधा के मन में संशय और प्रश्नाकुलता को जन्म दे रही है। इस संशय और प्रश्नाकुलता का गहरा रिश्ता उन तन्मय क्षणों से है, जिसमें डूबकर उसने सार्थकता पायी है। तन्यमता जितनी गहरी होगी, संशय और प्रश्नाकुलता उतनी ही मार्मिक होगी। इसलिए कवि ने राधा की तन्मयता को अपने चरम रूप में दिखाया है। राधा अपने महान हो चुके कनु से पूछती है—

'अच्छा, मेरे महान कनु,
मान लो कि क्षण भर को
मैं यह स्वीकार लूँ
कि मेरे ये सारे तन्मयता के गहरे क्षण

सिर्फ़ भावावेश थे,
सुकोमल कल्पनाएँ थीं
रँगे हुए, अर्थहीन, आकर्षक शब्द थे—

XX XX XX

पाप-पुण्य, धर्माधर्म, न्याय-दण्ड
क्षमा-शील वाला यह तुम्हारा युद्ध सत्य है—

XX XX XX

हारी हुई सेनाएँ, जीती हुई सेनाएँ
नभ को कँपाते हुए, युद्ध-घोष, क्रन्दन-स्वर,
भागे हुए सैनिकों से सुनी हुई
अकल्पनीय अमानुषिक घटनाएँ युद्ध की
क्या ये सब सार्थक है?'

यह देखने लायक है कि तन्मयता की नितान्त निजी अनुभूतियों से शुरू हुई कविता कैसे प्रेम बनाम युद्ध के शाश्वत प्रश्न को अपने दायर में समेट लेती है जो द्वितीय विश्वयुद्ध के बाद केन्द्रीय प्रश्न बनकर उभरा था। क्या अब भी यह बताने की आवश्यकता रह जाती है कि राधा मध्ययुगीन नायिका नहीं है बल्कि अपने युग-सत्य को अभिव्यक्त करने वाली आधुनिक स्त्री है। राधा का यह प्रश्न, *'मान लो कि मेरी तन्मयता के गहरे क्षण/रँगे हुए अर्थहीन, आकर्षक शब्द थे/ तो सार्थक फिर भी क्या है कनु?'* किसी आधुनिक स्त्री का ही हो सकता है। सार्थकता का प्रश्न 'कनुप्रिया' का केन्द्रीय प्रश्न है। प्रश्न सत्य का नहीं, यथार्थ का नहीं, प्रश्न सार्थकता का है और सार्थकता प्रेम की क ीमत पर नहीं हो सकती, यही 'कनुप्रिया' की मूल संवेदना है। कृष्ण ने प्रेम की नींव पर नहीं, युद्ध की नींव पर इतिहास का निर्माण किया। यह इतिहास असफल हो जाने के लिए अभिशप्त था। राधा एक तरह से प्रेम का रूपक बन गयी है, जिसे छोड़कर कृष्ण इतिहास-निर्माण के मार्ग पर आगे बढ़ जाते हैं। लेकिन प्रश्न यही है कि प्रेम के बिना इतिहास का क्या मूल्य? इसीलिए कर्म, स्वधर्म, निर्णय दायित्व आदि की कृष्ण द्वारा की गयी व्याख्याएँ राधा के लिए व्यर्थ है। अर्जुन को इन शब्दों से चाहे जो कुछ मिला हो पर, राधा के लिए ये नितान्त अर्थहीन है—

अर्जुन ने इन में चाहे जो कुछ पाया हो,
मैं इन्हें सुनकर कुछ भी नहीं पाती प्रिय।'

प्रेम-मार्ग से दूर ये शब्द युद्ध-मार्ग की ओर ले जाने वाले हैं। भला राधा इन शब्दों में कोई अर्थ कैसे तलाश सकती है? स्वयं कृष्ण को ही इस युद्ध-मार्ग से क्या अर्थ मिला? जीवन के अन्तिम पड़ाव में वे कितने असहाय और विवश थे! युद्ध से निर्मित इतिहास अन्ततः हिंसक ही होगा और उसे हिंसा से ही समाप्त भी हो जाना है। 'अन्धा-युग' में गन्धारी ने जो कृष्ण को शाप दिया है वह शाप नहीं है बल्कि एकतरह से भविष्योक्ति है, हिंसा आधारित इतिहास निर्माण की अनिवार्य परिणति है–

'प्रभु हो या परात्पर हो
कुछ भी हो
सारा तुम्हारा वंश
इसी तरह पागल कुत्तों की तरह
एक-दूसरे को परस्पर फाड़ खायेगा
तुम ख़ुद उनका विनाश करके कई वर्षों बाद
किसी घने जंगल में
साधारण व्याध के हाथों मारे जाओगे
प्रभु हो
पर मारे जाओगे पशुओं की तरह।'

'कनुप्रिया' में भी कृष्ण अन्ततः अकेले पड़ जाते है। उनके नियन्त्रण में कुछ नहीं रहता। उनकी कोई नहीं सुनता। वे खिन्न, उदास और विवश हैं। दरअसल, 'अन्धायुग' और 'कनुप्रिया' में मूलतः एक ही समस्या को उठाया गया है। बस दोनों का अवलोकन बिन्दु भिन्न है। 'अन्धायुग' में सिर्फ युद्ध का सन्दर्भ है जबकि 'कनुप्रिया' में युद्ध के समानान्तर प्रेम का 'कंट्रास्ट' रचा गया है। वहां केवल युद्ध है, यहाँ प्रेम और युद्ध दोनों है। भावबोध के स्तर पर 'कनुप्रिया' 'अन्धायुग' से जटिल रचना है। हम कह सकते हैं आगे की रचना है। 'अन्धा-युग' की भाषा वर्णनात्मक है। विचार सतह पर है इसलिए अनुभूति की गहराई कम है। इसके बरअक्स 'कनुप्रिया' में अनुभूति प्राथमिक है। अनुभूति के भीतर से ही विचार का प्रकाशन होता है। इसीलिए 'कनुप्रिया' की भाषा अनुभूति को

वहन करने वाली भाषा है। अनुभूति को वहन करने वाली भाषा थोड़ी भावुक हो ही जायेगी। भाषा में भावुकता 'कनुप्रिया' की कमज़ोरी नहीं बल्कि उसकी अनिवार्यता है। इसी करण, 'कनुप्रिया' की भाषा और संवेदना में कोई दरार नहीं है। अगर इसकी भाषा वैचारिक होती तो संवेदना और भाषा का पार्थक्य स्पष्ट नज़र आने लगता। विचार से पैदा हुए प्रश्न की तुलना में भावना से पैदा हुए प्रश्न में मार्मिकता अधिक होती है। रचना में मार्मिकता का ही महत्त्व होता है। जैसे राधा का यह प्रश्न–

"*सुनो मेरे प्यार!*
प्रगाढ़ केलिक्षणों में अपनी अन्तरंग
सखी को तुमने बाँहों में गूँथा
पर उसे इतिहास में गूँथने से हिचक क्यों गये प्रभु?"

भावनात्मक आवरण में पूछा गया राधा का प्रश्न आज़ादी के बाद अपनी अस्मिता को लेकर सजग हो रही आधुनिक स्त्री का प्रश्न है। समाज के व्यापक दायरे से कटकर स्त्री अब केवल केलिसखी बनकर रहने को तैयार नहीं है। समाज निर्माण की प्रक्रिया में वह पुरुष के साथ बराबरी की भागीदारी चाहती है। नया इतिहास अकेले पुरुष का नहीं होगा। उसमें स्त्री भी शामिल होगी। तभी वह सार्थक होगा। असफल इतिहास को जीर्णवसन की भाँति त्याग चुके कृष्ण से राधा कहती है–

'बिना मेरे कोई भी अर्थ कैसे निकल पाता
तुम्हारे इतिहास का
शब्द शब्द शब्द...
राधा के बिना
सब
रक्त के प्यासे
अर्थहीन शब्द!'

इस असफल इतिहास के बाद अकेले पड़े असहाय कृष्ण के पास इतिहास के पुनर्निर्माण के लिए राधा आकर फिर से खड़ी हो गयी है, मानो, वह कह रही है कि मेरे बिना इतिहास का निर्माण करके देख लिया, अब मेरे साथ इतिहास का

निर्माण करके देखो। स्त्री महान बनने के रास्ते की सेतु नहीं है, केलिसखी नहीं है, सिर्फ़ शरीर नहीं है, बल्कि उसके पास भी दिल और दिमाग़ है जो पुरुष के साथ कन्धा-से-कन्धा मिलाकर इतिहास का निर्माण करने में सक्षम है। 'कनुप्रिया' युद्ध की सारहीनता को ही नहीं सामने लाती बल्कि स्त्री-पुरुष सम्बन्ध के नये आयाम को भी उद्घारित करती है। राधा सिर्फ कृष्ण के अतीत की अन्तरंग केलिसखी बनकर नहीं रह जाना चाहती, बल्कि वह उनके वर्तमान में भी सहयोगी भूमिका निभाना चाहती है। 'कनुप्रिया' ऊपर से जितनी सपाट दिखती है, उतनी है नहीं। यह संश्लिष्ट रचना है। अभिव्यक्ति-विधान सरल है, पर भावबोध सरल नहीं है।

'कनुप्रिया : एक पुनःपाठ' पुस्तक भावबोध की इस जटिलता को रेखांकित करने और समझने का विनम्र प्रयास है। हम उन सभी लेखकों के आभारी हैं जिन्होंने अपने-अपने लेखों के माध्यम से इस प्रयास में योगदान दिया है। इसके साथ ही, मैं वाणी प्रकाशन के प्रबन्ध निदेशक श्री अरुण माहेश्वरी और कार्यकारी निदेशक अदिति माहेश्वरी गोयल को भी धन्यवाद देना चाहूँगा जिनकी दिलचस्पी के कारण पुनःपाठ सीरीज़ आगे बढ़ रही है।

30 जून 2023

दिनेश कुमार
हिन्दी एवं आधुनिक भारतीय भाषा विभाग
इलाहाबाद विश्वविद्यालय
प्रयागराज—211002

अनुक्रम

कनुप्रिया : संवेदना का क्षण और क्षण का इतिहास पक्ष

विजया सती

भारतीय ज्ञानपीठ से वर्ष 1959 में प्रकाशित 'कनुप्रिया' धर्मवीर भारती की लोकप्रिय काव्यकृति है। पूर्वराग, मंजरी परिणय, सृष्टि-संकल्प और इतिहास शीर्षकों में निबद्ध **कनुप्रिया** का अनुक्रम **पूर्वराग** के पाँच गीतों, **मंजरी परिणय** के तीन (आम्र-बौर का गीत, आम्र-बौर का अर्थ, तुम मेरे कौन हो?), सृष्टि-संकल्प के तीन (सृजन-संगिनी, आदिम भय, केलिसखी) और इतिहास के आठ (विप्रलब्धा, सेतु : मैं, उसी आम के नीचे, अमंगल छाया, एक प्रश्न, शब्द : अर्थहीन, समुद्र-स्वप्न और समापन) उपखण्डों में विभक्त है।

1954 में 'अन्धायुग' के प्रकाशन के बाद, कनुप्रिया की सृजन आकांक्षा के सन्दर्भ में स्वयं भारती कहते हैं : "अन्धा युग लिख चुकने के बाद, पहली बार यह अनुभूति हुई कि भार पूरी तरह उतरा नहीं है... एक क्षण महाभारत के घटना स्थल कुरुक्षेत्र से कुछ ही दूर वृन्दावन में अकेली छूटी हुई राधा मन में धुँधली आकृति की तरह उभरने लगी। वह अकेली थी और उसके पास गीता की शब्दावली नहीं थी, वेदान्त का वर्णन नहीं था, व्यास की लेखनी नहीं थीं, उसके पास केवल चरम तन्मयता के बिताये हुए उन क्षणों की अनुस्मृतियाँ मात्र थी और उनके सहारे वह समझना चाहती थी, उस कृष्ण को जो इतिहास की शक्तियों का संचालन कर रहे थे।" (धर्मवीर भारती की साहित्य साधना : सम्पादक : पुष्पा भारती, भारतीय ज्ञानपीठ पृष्ठ : 36)

स्पष्टतः कृति के केन्द्र में राधा है, कृष्ण नहीं।

कनुप्रिया के आरम्भिक दो पृष्ठों में, बिना शीर्षक कहा गया है कि निर्मम गति से बढ़ती इतिहास की दुर्दान्त शक्ति के आगे मनुष्य स्वयं को कभी विवश, विक्षुब्ध, विद्रोही और प्रतिशोधयुक्त पाता है...तो कभी वह अनुभव करता है कि बाहर के

उद्वेग के स्थान पर, चरम तन्मयता का क्षण सारे वाह्य इतिहास की प्रक्रिया से ज़्यादा मूल्यवान सिद्ध हुआ है।

समय के लम्बे प्रवाह में क्षण की कोई स्थिति नहीं, पर कनुप्रिया यह प्रस्तावित करती है कि वह क्षण इतिहास के लम्बे काल प्रवाह से महान हो सकता है।

कनुप्रिया में विघटित अन्तरात्मा राधा द्वारा सार्थकता की खोज का सहज प्रयत्न है। कृष्ण के सम्पर्क में राधा को प्रेम का जो आत्मीय अनुभव मिला, वह सार्थक है या युद्ध-मर्यादा-दायित्व आदि के सन्दर्भ में कृष्ण की व्याख्या सत्य है? यदि अपने अनुभव को सत्य माने तो व्याख्या को असत्य मानना होगा, व्याख्या को सत्य माने तो अनुभव को असत्य मानना होगा। द्वन्द्वग्रस्त राधा की मनःस्थिति का विस्तार ही कनुप्रिया का कथ्य है। राधा का अनुभव कृष्ण के क्रिया व्यापार को अप्रामाणिक सिद्ध करता है। कनुप्रिया में राधा कृष्ण से प्रेम नहीं कर रही, वह अपने प्रेम करने वाले समय के रूप पर विचार कर रही है। इसलिए कनुप्रिया में कथा तत्त्व की चाह निराश करेगी, किन्तु विभिन्न जीवन परिस्थितियों में पड़ी राधा की तीव्र प्रतिक्रियाएँ बाँध लेंगी।

कनुप्रिया का कवि इतिहास और एक लघु क्षण की टकराहट, घनीभूत तन्मयता और प्रवंचना की टकराहट में अर्थ की सार्थकता खोजता है और इस क्रम में इतिहास को एक व्यक्तित्व देता है। महाभारत के समापन पर, अपनी अठारह अक्षौहिणी सेना का विनाश देखते विवश, आकुल, एकाकी कृष्ण सम्भवतः राधा को अपना संबल पायें, राधा उन्हें आश्रय दे... राधा की यही आतुर प्रतीक्षा कृति का समापन है और यही पौराणिक सन्दर्भ को आधुनिक युग तथा संवेदना से जोड़ने वाला बिन्दु भी।

यह कृति राधा के प्रेम को नयी दृष्टि और नया परिप्रेक्ष्य प्रदान करती है। गुजराती में कृष्ण कनु हैं—कनुप्रिया यानी राधा इस कृति में गहरे आत्मीय प्रसंगों का पुनः साक्षात्कार करते हुए कृष्ण की उदासीनता और उपेक्षा को काटना चाहती है। जिस ऐतिहासिक प्रक्रिया ने राधा को कृष्ण से अलग किया, इतिहास की उस प्रक्रिया के विरोध में मानवीय आचरण की महत्ता को रेखांकित करती हैं। राधा की भावना का संघर्ष 'क्षण' और 'इतिहास' शब्द द्वारा प्रकट हुआ है। क्या इतिहास महान है और प्रणय तुच्छ? कनुप्रिया की राधा व्यतीत प्रेम का वर्तमान में स्मरण करती है और अपने अनुभवों के बीच से उत्तरों का सृजन करती चली जाती है। कृष्ण मर्यादा संस्थापक, इतिहास निर्माता हैं – क्या वह कृष्ण इतिहास

-की स्थापना के लिए मनुष्य के विरोध में हो जायेंगे? व्यंग्य कृति के अर्थ में तीक्ष्णता उत्पन्न करता है :

नीचे की घाटी से ऊपर के शिखरों पर
जिसको जाना था वह चला गया—
हाय मुझी पर पग रख
मेरी बाँहों से
इतिहास तुम्हें ले गया! (कनुप्रिया पृष्ठ 60)

यहाँ नीचे और ऊपर शब्द भर नहीं रह जाते, इन का अर्थ गम्भीर है। ऊपर शब्द कृष्ण के मर्यादा संस्थापक, इतिहास निर्माता रूप को व्यक्त करता है। 'नीचे' शब्द का व्यंग्य संकेतित करता है कि जैसे प्रेम निचले स्तर की कोई मानवीय क्रिया हो! कनुप्रिया में प्रेम के मधुर अनुभव के साथ इस प्रवंचना की कटुता भी है। **मेरी बाहों से** इतिहास तुम्हें ले गया–यह कथन सघनतर आत्मीयता के छिन्न होने को सूचित करता है। यह कठोरतम क्रूरता है कि प्रेम के तन्मय क्षणों को कुचलता इतिहास अनन्य आत्मीय कृष्ण को ले गया। न चाहते हुए भी राधा को इस अमानवीयताजन्य पार्थक्य की बेचैनी और विवशता को सहना है।

लेकिन कनुप्रिया की राधा को अपनी आत्मसत्ता पर विश्वास है। वह टूटना नहीं, निर्मित होना चाहती है। वह निरीह नहीं है। शक्ति और आत्मतेज से वह बराबर कृष्ण से संघर्ष करती है। कृष्ण के प्रति राधा की चरम समर्पणशीलता भी है लेकिन उसमें वैष्णव समर्पण नहीं है। क्योंकि राधा की समर्पणशीलता कृष्ण के पौराणिक रूप को असिद्ध करती है। यहीं परम्परा से वह अलग हो जाती है। वह कृष्ण के भावगत रूप का वर्णन ज़रूर करती है, किन्तु भक्ति अडिग विश्वास से उत्पन्न होती है, यहाँ अडिग अविश्वास है। कृष्ण के द्वैत को राधा ने उभारा है। जो यमुना राधा की अत्यन्त आत्मीय है, जिसमें वह अपने रूप को निहारा करती थी, कृष्ण के कारण जिस यमुना तट पर प्रेम का अनुभव उपलब्ध हुआ, आज उसी यमुना के परिवेश में वह शस्त्रों से लदी हुई अगणित नौकाओं का आना-जाना देखती है, धारा में बह कर आते हुए, टूटे रथ, जर्जर पताकाएँ देखती है। कृष्ण के सम्पर्क ने एक ओर आत्मीयता दी थी, दूसरी ओर कृष्ण के इतिहास निर्माता रूप ने उत्पात मचा दिया। ये अमानुषिक घटनाएँ क्या सार्थक हैं? राधा कृष्ण के सामाजिक-ऐतिहासिक रूप के प्रति उदासीन है।

मुझे भी समझा दो
सार्थकता क्या है बन्धु?

राधा का यह भोला प्रश्न विष बुझा तीर है। कृष्ण की सार्थकता के समस्त व्याख्यान पर यह एक प्रश्न चिह्न बन जाता है।

राधा ने कृष्ण को अपने मनोनुरूप कितने ही सार्थक नामों से पुकारा है– सहयात्री, गन्तव्य, मेरे असमंजस, मेरे इच्छामय, मेरे उत्तर, दिव्य सहचर, लीलाबन्धु, मेरे अधैर्य। स्वयं को भी कृष्ण के निकट सहचरी, बाधवी, सृजन संगिनी, जिद्दी नादान मित्र, अन्तरंग सखी, केलीसखी, नासमझ बावरी के रूप में पाया है। राधा का सरल मन और सहज अनुभव जटिल बुद्धि और यथार्थ विषमताओं को नहीं झेल सकता। वह इतिहास का निषेध सा करती है और काल के सबसे छोटे खण्ड 'क्षण' को जीती है, जहाँ जटिलता नहीं है, विश्लेषण-व्याख्या की आवश्यकता नहीं है। इतिहास और संस्कृति की जो मान्यताएँ कर्म-स्वधर्म-निर्णय-दायित्व जैसे शब्दों द्वारा धारणीकृत होती हैं, वे राधा को केवल राधन् रूप में सुनाई पड़ती हैं।

राधा कृष्ण के मानवीय रूप से प्रेम करती है महान रूप से नहीं। अपने भोलेपन द्वारा राधा कृष्ण की सारी महानता को वर्तमान में निस्सार करना चाहती है। उसके कथन का व्यंग्य कृष्ण की महानता को चूर-चूर कर देता है। कृष्ण के पास शक्ति है, संगठन है। गर्व करने को इतना ही पर्याप्त है। लेकिन कृष्ण तो सम्बन्धहीन होकर सत्य और मर्यादा स्थापन चाहते हैं। राधा का प्रश्न निर्दोष है किन्तु वही व्यंग्यार्थ बनकर काव्यार्थ को उभारता है। एक दुःख रिसता है जिसका कोई समाधान नहीं :

गर्व कर बावरी!
कौन है जिसके महान प्रिय की
अठारह अक्षौहिणी सेनाएँ हों?

ये व्यंग्यात्मक पंक्तियाँ कविता को गम्भीर दुःखान्तिकी के धरातल तक ले जाती है। राधा अपने कृष्ण से प्रवंचित हुई है, यह सबसे बड़ी दुःखान्तिकी है। प्रेम का यह अनुभव अधिक कड़वा इसलिए है कि अधिक सचेतन है। कनुप्रिया में प्रेमानुभव का रूप केवल भावाकुलता में नहीं है, बौद्धिक और अस्तित्वगत विशेषताएँ इस प्रेम को निर्मित करती हैं। राधा की पीड़ा अस्तित्व की पीड़ा हो

जाती है। सूर की राधा की पीड़ा भावात्मक दुःख है, उसमें विरह का दर्द है, किंतु यह अस्तित्व की बुनियादी आवश्यकता के रूप में उभरता है। यही कनुप्रिया की आधुनिकता है।

जिस प्रेम का किसी तन्मय क्षण में अनुभव किया गया था, वह राधा को रीता क्यों छोड़ गया? जो मुक्त बनाता था वह खण्डित और खोखला क्यों कर गया है? जबकि कनुप्रिया की 'मूलवृत्ति संशय या जिज्ञासा नहीं, भावाकुल तन्मयता' कही गयी है, तब भी राधा की यही प्रश्नोन्मुखता प्राचीन को नये के साथ जोड़ती है। कनुप्रिया की राधा जानना चाहती है कि कृष्ण का ऐतिहासिक रूप बड़ा है या राधा के साथ प्रेम करने वाले क्षणों का रूप बड़ा है? राज्य, धर्म एवं मर्यादा की व्यवस्था करना ही क्या कृष्ण का मुख्य दायित्व था? क्या प्रेम दायित्व की सीमा में नहीं आता? यदि हाँ, तो उसकी उपेक्षा कृष्ण ने क्यों की? कृष्ण ने इतिहास बनाते समय उसकी भूमिका को क्यों नहीं स्वीकारा? लीलाभूमि में वे साथ थी, युद्धभूमि में छूट गयी। दोनों मिलकर एक पूर्ण व्यक्तित्व बनते, कृष्ण ने अपने ही व्यक्तित्व के एक अंश की उपेक्षा की, उसका अपमान किया क्योंकि वे महान बनना चाहते थे। राधा इस पीड़ा को सहना चाहती है क्योंकि उसका यह प्रेमानुभव भावात्मक नहीं बौद्धिक है। अस्तित्व के प्रश्नों से जुड़ा है, अतः इसमें अनेक स्तरों पर तीखी वेदना है।

राधा प्रेम को केन्द्र में रखकर जीवन की सार्थकता का बोध पाती रही है। लेकिन अब उसके प्रणय और कृष्ण की सेनाओं के युद्ध के बीच न पाटने योग्य खाई है। हारी हुई सेनाएँ, जीती हुई सेनाएँ, युद्ध की अमानुषिक घटनाएँ – क्या ये सब सार्थक है? कृष्ण की सेना के जाने के लिए राह में अटकती आम की डाल के काट दिए जाने के प्रसंग से राधा की पीड़ा यह है कि केवल आम की डाल ही न कटेगी, जैसे कृष्ण की पहचान भी काट दी जायेगी। राधा इस पहचान से कटना नहीं चाहती। सम्बन्धों के इस अलगाव को राधा कटुता से झेल रही है कि नितांत परिचित आत्मीय को युद्ध और इतिहास अपरिचित बना दे रहे हैं-

आज यह आम की डाल
सदा-सदा के लिए काट दी जायेगी...
क्या हुआ जो
कनु के ये वर्तमान अपने,
तेरे उन तन्मय क्षणों की कथा से
अनभिज्ञ हैं (पृष्ठ 66)

जिस राह से कृष्ण की सेना गुज़री है– वहाँ कुंज उजड़ गये हैं, लताएँ रौंदी हुई हैं, आकाश पर धूल छायी है। वातावरण का यह उत्पात राधा के जीवन और मानसिक उत्पात को भी व्यक्त करता है। परिवेश मानसिक दशा का पर्याय हो जाता है। राधा के भीतर भी कुंज-लताएँ थीं, वह स्वयं इस पूरे वातावरण में व्याप्त थी। इन पंक्तियों से राधा की कोमल भावनाओं का कुचला जाना ध्वनित होता है। अतीत के प्रेमानुभव को वर्तमान में स्मरण करने पर राधा और बिखरती जाती है, उसका मर्म क्षत-विक्षत होता है। कृष्ण के व्यवहार और व्यक्तित्व में एक अन्तर्विरोध है जिसके कारण राधा व्याकुल होती है। उसका मत है कि प्रेम भी उतना ही दायित्वपूर्ण कर्तव्य था। किन्तु कृष्ण प्रेम की उपेक्षा कर गये। इस तरह कनुप्रिया की कथ्य संरचना में मानवीयता और इतिहास का संघर्ष निर्मित होता है। मानवीय धरातल पर क्षण का महत्त्व है, ऐतिहासिक धरातल पर कुछ और महत्त्वपूर्ण हो उठता है–क्यों? समूची कृति में यही संघर्ष व्याप्त है।

कनुप्रिया में राधा की व्याकुलता कृष्ण की अनुपस्थिति मात्र से उत्पन्न नहीं है। वरन इसका कारण कुछ और है। राधा के अस्तित्व का सार प्रेम है, जिसे उसने कृष्ण के साथ में पाया। लेकिन अब राधा को लगता है कि उसके अस्तित्व की मौलिक प्रकृति की उपेक्षा हुई है। कृष्ण परिस्थिति अवरोध के कारण अनुपस्थित हैं या अपनी नीयत के कारण? राधा को कृष्ण के आशय में सन्देह है। राधा का अस्तित्व जिन-जिन तत्त्वों से बना था, वे सब बिखर रहे हैं। और उन्हें संयोजित करने वाला कृष्ण कभी भी इस बिखराव को सम्पूर्ण न बना सकेगा। वह स्वयं अपने अस्तित्व के बिखराव को नियोजित करना चाहती है, किन्तु सन्देह यह नहीं होने देता। राधा ने जिस रूप में अपने 'मैं' की कल्पना की, वह परिस्थिति अनुरोध से व्यंग्यात्मक हो गया–

क्या मैं सिर्फ़ एक सेतु थी तुम्हारे लिए
लीलाभूमि और युद्ध क्षेत्र के अलंघ्ये अन्तराल में? (पृष्ठ 60)

'लीला भूमि' प्रेम के व्यापार को और 'युद्ध क्षेत्र' इतिहास, धर्म, मर्यादा के व्यापार को व्यक्त करते हैं। लेकिन भारती प्रेम के बिम्ब से जीवन की व्याख्या करते हैं, कृष्ण के लीलारूप को स्थापित करते हैं राधा की सहायता से। कृष्ण ने युद्ध किया, धर्म संस्थापन किया–पर किसके माध्यम से? राधा नहीं जानती। वह सेतु रूप में अपनी कल्पना करने को बाध्य होती है। सेतु मात्र माध्यम है, एक किनारे से दूसरे किनारे तक जाने का। यहाँ उसके 'मैं' का निषेध होता है, उसका

में व्यक्तित्वहीन हो जाता है। वह सघनतम वेदना के बीच फँस जाती है। जिन अनुभव परिस्थितियों को उसने जिया, किसी दूसरे ने उनका प्रयोग कर लिया। विडम्बना में जीने मात्र को वह जीवित रही। राधा को अपनी निरर्थकता का अनुभव होता है। अपने में ही विभाजित राधा की इस पीड़ा को अनेक भाव स्थितियों द्वारा कवि ने अंकित किया है। कृष्ण को विराट बनना था, युद्ध का नायक बनना था, किन्तु महत्त्वपूर्ण बनकर आज कृष्ण आत्मीय नहीं है, निर्मम और औपचारिक है।

समग्र कनुप्रिया को आत्मालाप रूप में लिखा गया है। यह स्वगत काव्य है। स्वगत काव्य में स्व का विश्लेषण प्रधान होता है। प्रायः एक अतीत का स्मृत रूप होता है और एक वर्तमान का भी। इन दोनों के बीच तनाव की निर्मिति होती है। कनुप्रिया में अतीत और वर्तमान राधा के अपने आत्म से सम्बद्ध हैं। वर्तमान राधा की प्रवंचना है, कृष्ण ने उसे प्रवंचित किया है। अतीत की सचाई को राधा प्रस्तावित करती है। वह अपने आन्तरिक अनुभव से कृष्ण के प्रवंचनापूर्ण अनुभव को खण्डित कर देती है। स्वगत काव्य का वक्ता अपने बारे में कहता है – अपने से बाहर खड़ा होकर। कनुप्रिया में ऐसा ही होता है। स्वगत काव्य में प्रत्यक्षता होती है। उसमें आत्मालाप का वक्ता अपनी समस्या का समाधान पा लेता है। कनुप्रिया में समस्या का समाधान है–राधा अडिग खड़ी है प्रतीक्षारत! समस्या का स्तर जटिल होते हुए भी भीतर से आलोक फूटने लगता है। अन्धा युग में भी ऐसा ही अन्त है। कवि आन्तरिक अनुभव में बेहद विश्वास रखता है। कनुप्रिया में इसी आन्तरिक अनुभव की सचाई अपेक्षाकृत अधिक बल के साथ उभरती है। कनुप्रिया के अर्थ को खोलते हैं–संवाद। यहाँ सहज, संवादात्मक बातचीत की जीवन परक शैली में मानवीय आचरण की सहज अभिव्यक्ति हुई है। साधारण सहजता की शैली में पूरी कविता लिखी गयी है। कनुप्रिया में आन्तरिक संवाद चलता है, वाह्य जगत से कनुप्रिया का सामान्य सत्य प्रभावित नहीं होता। यद्यपि कृष्ण के सारे विपरीत व्यापार वाह्य जगत में आते हैं, किन्तु राधा का दृष्टिकोण कृष्ण के व्यवहारों से बदलता नहीं, केवल तनाव या व्याघात उत्पन्न होता है। आरम्भ से अन्त तक राधा अपने मन्तव्य को निबाहती है। सत्य उसकी आन्तरिकता के भीतर निहित है और राधा में इस अनुभव सत्य को स्थापित करने का यत्न है, इसे सत्य रूप में स्वीकारने का आग्रह है। संवाद इस प्रारूप को निर्मित करते हैं। राधा अपने ही विभाजित व्यक्तित्व से निरन्तर वार्तालाप करती है। सामान्य बातचीत का सम्बोधनात्मक रूप भी इसमें है। यद्यपि राधा का

पक्ष ही अन्त तक बना रहता है, प्रतिपक्ष की कोई भूमिका नहीं है। राधा स्वयं को पर्यवेक्षक की भूमिका में रखती है। इसी से संवाद सम्भव हुआ है। संवाद में व्यंग्य और विडम्बना की बड़ी भूमिका है जिससे सारा काव्य और अर्थ विधान व्यंग्यात्मक हो उठता है।

कनुप्रिया में गीतात्मक तत्त्व पर्याप्त हैं, कृति गीत जैसी है। उसमें गीतात्मक तरलता और सघनता है।

कनुप्रिया में रोमांटिसिज़्म का संस्पर्श अत्यधिक है–रोमांटिक मांसलता के अनेक चित्र हैं–जैसे कृष्ण थक गये हैं–बेचैन हैं, उदास और व्याकुल हैं, जैसे राधा छोटी-छोटी निरर्थक बातों में सुख पाती है। किन्तु लघुता के प्रति सार्थकता का दृष्टिकोण यथार्थ के भी निकट है। इसलिए समग्र कृति मात्र रोमांटिक कविता नहीं है। मुग्धता यहाँ है, पर एक बौद्धिक अभिप्राय निश्चित रूप से कविता का अंगभूत है। वस्तुतः कनुप्रिया अनुभव के दो विरोधी रूप एक साथ वहन करती है—प्रामाणिक और बौद्धिक। कनुप्रिया बौद्धिकता को भावाकुलता में बदलती है। यह कनुप्रिया की शक्ति भी है और दुर्बलता भी।

कनुप्रिया में रोमानी, व्यंग्यात्मक, पौराणिक कथात्मक या मिथकीय और स्वप्न प्रकल्पना प्रधान भाषिक संरचना को पाया और पहचाना जा सकता है। ये सभी भाषा प्रणालियाँ एक-दूसरे में गुँथी हैं। 'समुद्र स्वप्न' शीर्षक के अन्तर्गत सो जाओ योगिराज, सो जाओ योगेश्वर जैसे प्रयोगों का सारा सन्दर्भ उपनिषदों में प्रश्न पूछने की पौराणिक व्यग्रता हमारे सामने उपस्थित करता है। यहाँ मात्र ध्वनि से ही प्रभाव पैदा होता है और पूरा पौराणिक वातावरण हमारे भीतर जीवित हो उठता है। लेकिन ऐसे प्रयोगों के माध्यम से, केवल उस सन्दर्भ को झंकृत कर देना कवि का आशय नहीं है। इसके माध्यम से वह आधुनिक जीवन सन्दर्भ को भी खोलता है। इस तरह अनेक सन्दर्भों की आवश्यकता को भरने वाली कनुप्रिया की भाषा सशक्त, अर्थगर्भ, स्पष्ट और अभिधात्मक है। लेकिन कविता में व्याकुलता का अनुभव जिन कथनों द्वारा उभारा गया है, वहाँ पंक्तियाँ मात्र अभिधात्मक न रहकर संकेत हो जाती हैं, शब्द अपने नियमित अर्थ से अलग, कुछ और भी व्यंजित करते हैं। शब्द संयोजन इस प्रकार हुआ है कि शब्दों पर ध्यान कम और उनके द्वारा सूचित मानसिक दशा पर ध्यान अधिक जाता है—

मान लिया कि कनु तेरा
सर्वाधिक अपना है

मान लिया कि तू
उसकी रोम-रोम से परिचित है।

काव्य भाषा की यही पहचान है कि वह शब्दों में निहित अर्थ से आगे ले जाती है। पंक्तियों से स्पष्ट हो जाता है कि राधा किस विडम्बनापूर्ण स्थिति का साक्षात्कार कर रही है।

पूरी कनुप्रिया व्यंग्यात्मक है। कनुप्रिया की व्यंग्यात्मकता भावुकता को चीर कर नूतन अर्थ का बोध कराती है। गर्व कर बावरी, सेतु मैं, घाट से लौटते हुए, अज्ञात वन देवता समझ जैसे अंश प्रमाण हैं। राधा अनुभव करती है कि उसका प्रयोग हुआ, यह क्रूरता है। इस क्रूरता को वह व्यंग्य और विडम्बना के माध्यम से स्थापित करती है। राधा की व्यथा व्यंग्य का रूप धारण कर लेती है। यही कनुप्रिया को रोमांटिक होने से बचाती है। इसी धरातल पर कनुप्रिया पुरानी कविताओं से भिन्न हो जाती है। राधा के प्रश्न व्यंग्य बनकर काव्यार्थ को उभारते हैं।

सारी कविता में रोमांटिक तत्त्व छाया हुआ है–*लयात्मक तन्मयता रोमांटिक स्थितियों में ले जाती है। कैसे हो जी तुम?/जब मैं जाना ही नहीं चाहती/तो बाँसुरी के एक गहरे अलाप से/मदोन्मत्त मुझे खींच बुलाते हो*–जैसी पंक्तियों में हर जगह एक अततृप्ति है और यह अनुभूति कविता के भीतर से निष्पन्न होती है। छायावादी शब्द सम्पदा के अत्यन्त निकट रोमांटिक भाषा प्रणाली के अनेक संकेत कनुप्रिया की भाषा में विद्यमान हैं। कनुप्रिया की भाषा आन्तरिक अनुभूति की प्रामाणिकता को स्थापित करती है। कनुप्रिया की भाषा का विशेष गुण यह भी है कि वह अर्थगर्भ और अस्पष्ट भी है जिसके सहारे कवि एक संस्कार को तोड़कर नये अर्थ व्यंजित करना चाहता है। कनुप्रिया की अपेक्षाकृत अधिक संगीतात्मक आत्म परक भाषिक प्रणाली अमूर्त अर्थों की ओर ले जाती है। कवि ने जीवनगत ताप को शब्दों में नियोजित किया है, जो शब्द हमें अनुभव के सजीव जगत के बीच में ले आते हैं, उनसे बराबर संघर्ष का भान होता है।

कनुप्रिया में छायावाद से अधिक वस्तुनिष्ठता है। आत्मपरकता नहीं है। इसी से यह काव्य आधुनिक बन सका है। छायावादी कवि ने वैयक्तिक अनुभव को महत्त्व दिया, कनुप्रिया के कवि ने भी। पर छायावाद में कोई शाश्वत सत्ता मूल्य का स्रोत रही। कनुप्रिया में व्यक्ति–राधा–ही मूल्य का स्रोत है। राधा अपने 'मैं' से कृष्ण के सारे व्यक्तित्व को अभीप्सित रूप में व्याख्यायित करती है।

इससे अलग जो भी है, वह उसके लिए निरर्थक है। राधा ही कृष्ण को मूल्यवान बना सकती है। सारे इतिहास के विरुद्ध वह स्वयं को पाती है।

प्रकारान्तर से यह व्यक्ति और इतिहास का युद्ध है। भारती की सहानुभूति व्यक्ति के साथ है। राधा भारतीय मानस का एक जातीय प्रतीक है। जातीय प्रतीक अपना संस्कार बहुत शीघ्र नहीं छोड़ते। राधा ठोस अनुभवों पर बल देती है, उन्हीं अनुभवों को इतना प्रामाणिक मानती है कि उन्हीं से कृष्ण को भी प्रमाणित करना चाहती है। लेकिन कृष्ण की महत्त्वाकांक्षा अपनी शक्ति का इतिहास बनाना चाहती है। कृष्ण के शाश्वत स्वरूप को पहली बार यहाँ अवधि के भीतर देखने का यत्न है। कृष्ण के पौराणिक रूप को मानवीय धरातल पर उतारने का यत्न वहाँ दिखाई देता है, जब स्वप्न में ही सही, कृष्ण का अकेले हो जाना चित्रित किया गया है, जहाँ कृष्ण की बात कोई नहीं सुनता, वह मनुष्य जैसी विवश स्थिति में है। दरअसल, राधा कृष्ण को इसी रूप में देखना और व्याख्यायित करना चाहती है। राधा के लिए कृष्ण के प्रभामण्डल से कृष्ण का प्रेमी रूप व्यक्तित्व बड़ा है, वही मूल्य का स्रोत है।

धर्मवीर भारती व्यक्तिवादी दृष्टिकोण के कवि हैं। अतः व्यक्ति के दुःख पर बल देते हैं। समर्थ कवि मानवीय मर्म का उद्घाटन करता है। कनुप्रिया इतिहास की प्रक्रिया के विरोध में मानवीय आचरण की महत्ता को ही रेखांकित करती है। कवि मनुष्य के आन्तरिक अनुभव के भीतर से ही जीवन के अर्थ को पाना चाहता है, बाहरी यथार्थ के प्रति उसका कोई झुकाव नहीं है। कवि इतिहास को क्रूर भूमिका में प्रस्तुत करता हैं। वह मानता है कि इतिहास हमेशा क्रूरता की ओर प्रवृत्त करता है। मानव मर्म के प्रतिकूल इतिहास प्रक्रिया से, परिस्थिति के कटु यथार्थ से राधा यन्त्र रूप में परिणत हो गयी है। जीवन की सार्थकता तो यह है कि वह मात्र संचालित न हो, अनुभव भी करे। लेकिन राधा की अनुभव क्षमता को क्या हुआ? जहाँ कृष्ण ने राधा को प्यार दिया, राधा ने जीवन की अमूल्य निधि पायी, अब वहीं निस्सार वस्तु चुनती बैठी है। जिसने जीवन की सर्वाधिक सारमय वस्तु दी थी, महान बनने के लोभ में अब वही निस्सार वस्तु चुनने को बाध्य करता है। राधा कंकड़, पत्ते, तिनके चुनकर स्वयं को पुनर्नियोजित करने का व्यर्थ यत्न करती है। कृष्ण यदि महान बने तो राधा भी तो बिखरी। स्थिति के विपर्यय से राधा की पीड़ा और छलक उठती है। अन्त में फिर वही प्रश्न करती है—क्या जो अनुभव मैंने किया, उसका कोई अर्थ नहीं है? यह प्रश्न

बार-बार कृष्ण के साथ-साथ उस संस्कृति पर भी प्रहार करता है जो मानवीय मर्म की उपेक्षा कर इतिहास को ही महान समझती है। संस्कृति का इससे बड़ा संकट और क्या होगा? कृष्ण के अगणित सैनिक राधा को क्यों नहीं पहचानते? क्योंकि युद्ध ने सम्बन्धों से अलग महत्त्व की सृष्टि कर दी है।

कनुप्रिया की समग्र अनुभवशीलता और संरचना में एक बौद्धिक ताप है। कनुप्रिया एक रोमांटिक रचना मात्र नहीं, उसके आगे भी जाती है। कवि ने प्रेम को काव्यानुभव का रूप देते हुए युग के अनुरूप ढाला है। इस प्रेम में एक जटिलता है जो इसे आधुनिक परिपार्श्व देती है। राधा कृष्ण के ज्ञानात्मक स्वरूप को झुठलाती है। कृष्ण ने राधा की उपेक्षा की और यह भूल गये कि मानवीय मर्म के साक्षात्कार से महानता उत्पन्न होती है—यह कृति की मूल संवेदना है। कनुप्रिया इसी को व्यक्त करती है।

हिन्दी के प्रमुख आलोचकों ने कनुप्रिया पर सारगर्भित टिप्पणी की हैं – उन्हें जान लेना सार्थक होगा। 'राग सम्बन्धों की वैचारिक पृष्ठभूमि' शीर्षक अपने आलेख में **अज्ञेय** कहते हैं—'कनुप्रिया में मुझे जो अच्छा लगता है, वह है परिकल्पना का साहस, राधाकृष्ण के व्यापक प्रेम को नया सन्दर्भ देने का और इस प्रकार आधुनिक संकट को गहराई का एक नया आयाम देने का प्रयत्न।' (धर्मवीर भारती की साहित्य साधना : सम्पादक पुष्पा भारती : पृष्ठ 427)

डॉ. विजय बहादुर सिंह के शब्दों में – 'वे (धर्मवीर भारती) आधुनिक मनुष्य की चिन्ता और उद्विग्नता, उदासी और उसकी परिणति के लेखक हैं...। भारती इसलिए याद किये जायेंगे कि उन्होंने हिन्दी कविता में इतिहास और पुराण का नवसृजन करके हमें कुछ नये काव्य दिये... युद्ध और प्रेम, मानव सत्ता और उसका नियामक, इतिहास और आधुनिकता के जो प्रश्न उन्होंने अपनी रचना में उठाये हैं, वे समस्त आधुनिक कविता के प्रश्न रहे हैं... कनुप्रिया जटिल जीवन व्यापारों के बीच सहजता का आग्रह है। (एक अलग रचनात्मक तेवर शीर्षक आलेख : धर्मवीर भारती की साहित्य साधना : सम्पादक पुष्पा भारती : पृष्ठ 47-55)

युद्ध का समाधान प्रेम

वेदप्रकाश सिंह

'कनुप्रिया' 'अन्धा युग' का अगला क़दम है। दोनों रचनाओं की भाव-भूमि और प्रश्न समान हैं और दोनों ही रचनाओं में समाधान ग़ायब हैं। 'अन्धा युग' युद्ध से शुरू होकर युद्ध की निरर्थकता पर जाकर ख़त्म होता है और 'कनुप्रिया' प्रेम से शुरू होकर युद्ध की निरर्थकता पर ही पहुँचती है। दोनों ही रचनाओं में लौकिक-अलौकिक, सांसारिक-मानसिक स्थितियों और उलझनों का वर्णन-चित्रण किया गया है। एक ओर 'इतिहास की दुर्दान्त शक्तियाँ' हैं, उनसे पैदा होने वाले उद्वेग हैं तो दूसरी ओर 'चरम तन्मयता' में भीतर 'साक्षात्कृत' होने वाला सच है। इन दोनों को अलग-अलग देखा गया है। क्या इन दोनों सचों के लिए कोई एक मूल्यस्तर नहीं खोजा जा सकता है? इसी मूल्यस्तर की खोज का प्रयास धर्मवीर भारती इस रचना में करते हैं। ऐसा उनका पूर्वकथन है। छोटी-बड़ी उन्नीस कविताओं की शृंखला द्वारा वे बाहरी और भीतर सच को एक साथ रखकर किसी अभूतपूर्व मूल्यस्तर की खोज करना चाहते हैं। लेकिन यह खोज केवल एक कवि की अमूर्त इच्छा बनकर ही रह जाती है। समस्या जब सामाजिक हो तो उसका समाधान या उसका मूल्यांकन भी सामाजिक ही होगा। युद्ध की समस्या का समाधान किसी मानसिक या अलौकिक स्तर पर जाकर खोजा ही नहीं जा सकता है। इसलिए इस कृति में भी किसी प्रकार का कोई समाधान रचनाकार चाहकर भी नहीं दे सका है। लेकिन अगर रचना को पीछे से आगे की ओर करके पढ़ें तो शायद एक समाधान मिल जाता है। युद्ध के बरक्स प्रेम का रास्ता ही सम्भवतः रचनाकार के मन में रहा होगा। जिसे रचना के अन्त में नहीं बल्कि शुरू में ही उन्होंने दे दिया।

कनुप्रिया के बारे में पूर्ववर्ती विद्वानों ने क्या-क्या कहा है, इसे भी संक्षेप में यहाँ देख सकते हैं। मेरा मत निम्नलिखित तीनों प्रकार के विचारों से थोड़ा अलग है–

कनुप्रिया के बारे में विश्वम्भरनाथ उपाध्याय लिखते हैं, "इस सीमा तक कनुप्रिया एक समस्यात्मक रचना है। उसमें कोई पूर्ण विश्व दृष्टि विकसित नहीं हो सकी। उसमें अन्धायुग का ही कवि बोलता है जो विश्वयुद्ध जन्य मूल्य चिन्ता से उलझन में है, दुःखी है, दग्ध है। वह कोई मार्ग नहीं पाता, एक चक्र में घूमता है लेकिन उसमें मानवीय कोमलता है और उसकी मंशा यह है कि काश चरम तृप्ति के क्षणों का ही राज्य होता! कवि की मानवीय संवेदना ही हमें प्रभावित करती है, और जहाँ तक वह समस्या की पहचान करता है, वहाँ तक वह युग के प्रति सजग भी है पर भारती में कोई समाधान, कोई वैचारिक संगति, कोई जीवनदर्शन खोजना उनके साथ अन्याय करना है।" (सम्भोग का चित्रकार—विश्वम्भरनाथ उपाध्याय, धर्मवीर भारती, लक्ष्मणदत्त गौतम, कुमार प्रकाशन, प्रथम संस्करण 1974, पृष्ठ 183)

रमेश कुन्तल मेघ ने इसे 'गद्यगीतात्मक कृति' माना है। वे इस कृति की भूमि के बारे में लिखते हैं—"इस भूमि में एक ओर सिद्धों की सहज साधना का महासुख है, दूसरी ओर वैष्णवों का महाभाव है और तीसरी ओर पश्चिम के अस्तित्ववादी दार्शनिकों का क्षण-बोध है।" धर्मवीर भारती ने राधा को सिद्धों के महासुख और वैष्णवों के महाभाव और अस्तित्ववादी क्षणवाद का मिश्रण कर दिया है—"कनुप्रिया' के रचयिता ने सिद्ध-साहित्य पर शोध-पुस्तक भी लिखी है। अतः वह वैष्णव राधा को आधुनिक राधा, त्रिपुरसुन्दरी राधा और दार्शनिक राधा-तीनों ही एक संग बनाता है।" (रमेश कुन्तल मेघ, चरवाही भूमिका का आयतीकरण, धर्मवीर भारती, लक्ष्मणदत्त गौतम, कुमार प्रकाशन, प्रथम संस्करण 1974, पृष्ठ 188)

चंचल चौहान कनुप्रिया को एक 'कलात्मक फ्रॉड' घोषित करते हुए लिखते हैं कि "कनुप्रिया का असली रूप कविप्रिया यानी स्वयं कविता है, कनु स्वयं कवि, वे परम्परागत राधा कृष्ण की तस्वीरें नहीं हैं। 'कविता' और 'कवि' का रूपकात्मक स्परूप ही इस कृति में चित्रित हुआ है। इसलिए 'कनुप्रिया' का संसार वायवी है, 'एब्सट्रैक्ट' है।" (धर्मवीर भारती, लक्ष्मणदत्त गौतम, कुमार प्रकाशन, प्रथम संस्करण 1974, पृष्ठ 205)

यह काव्य कृति एक लम्बा एकालाप है, जो कनुप्रिया या राधा के माध्यम से कवि हमारे सामने प्रस्तुत करता है। इस एकालाप का काव्य-प्रयोजन भी हम लोग साथ-साथ खोजेंगे। कनु यानी कान्हा या कृष्ण का पक्ष भी कनुप्रिया यानी राधा कहती है। लेकिन यह एकालाप कनुप्रिया मात्र का नहीं है, बल्कि संसार

की सभी स्त्रियों का प्रतिनिधित्व करने का प्रयास करने वाली किसी विश्व-स्त्री का एकालाप है। कृष्ण समस्त विश्व-पुरुष हैं। धर्मवीर भारती इस कृति को इस से भी व्यापक अर्थ में हमारे सामने लाते हैं। प्रकृति में मौजूद समस्त चराचर को उन्होंने कनु—कनुप्रिया रूप में देखा है। समस्त प्रकृति को ही प्रेमी-प्रेमिका भाव में रँगकर देखने से सभी प्रकार के संघर्षों का भी अन्त इस प्रयास में निहित है।

कालिदास साहित्य में मौजूद अशोक के फूलों और आचार्य हज़ारीप्रसाद द्विवेदी के प्रसिद्ध 'अशोक के फूल' से हिन्दी साहित्य के पाठक परिचित हैं। अशोक के इसी फूल के फूलने को सम्भव बनाने वाली स्थिति से 'कनुप्रिया' की शुरुआत होती है। द्विवेदी जी ने अशोक के लाल-लाल फूलों को कामदेव के पाँच पुष्पों में से एक कहा है, जो अपने जीवन-वर्ष के वसन्त का इन्तज़ार कर रहा है और सुन्दरियों के महावर रचे पैरों के कोमल स्पर्श से फूल उठता है। धर्मवीर भारती ने इसी बिन्दु की नयी व्याख्या से अपने काव्य की शुरुआत की है। वे कहते हैं कि अशोक का पेड़ जिस सुन्दरी के पदाघात की प्रतीक्षा कर रहा है वह सुन्दरी धूल बनकर उसके तने से होकर उसके वृक्ष के शरीर में ही पूर्वराग की तरह उपस्थित रहती है। वह इसे भूले रहता है। सुन्दरी के पैरों का कोमल आघात तो केवल उसे जामवन्त-हनुमान प्रसंग की तरह उस पेड़ में निहित उसकी उल्लास-शक्ति की याद भर दिलाता है।

अशोक के फूल का फूलना और उस लाल सौन्दर्य को सम्भव करने वाली शक्ति कब से उसके भीतर ही सोयी हुई है, इसे न जानने के कारण वह किसी सुन्दरी के पदाघात का न जाने कब से इन्तज़ार कर रहा है। और उल्लसित होने का कारण बाहर न होकर उसके भीतर ही है यानी वह किसी बाहरी आघात से नहीं बल्कि उसके भीतर रेशे-रेशे में समाई हुई राधा-शक्ति के कारण सम्भव होता है। अब यह जो शक्ति है जिससे अशोक के फूल खिलते हैं, उस शक्ति में निहित शक्ति भी कृष्ण-शक्ति है। प्रेमी प्रेमिका को देखकर जो उल्लास का भाव अपने भीतर और बाहरी प्रतिक्रियाओं-अनुभावों में पाता है इसका कारण बाहरी नहीं है, बल्कि उसके शरीर के रेशे-रेशे में प्रेमिका पहले से ही मौजूद है। वही प्रेमिका-तत्त्व प्रेमी में उल्लास बनकर बाहर प्रकट हो रहा होता है और उस प्रेमिका में प्रेमी पहले से ही मौजूद है जिसके कारण वह ऐसा कर पाती है। यह प्रेम का अद्वैतभाव है। इसी अद्वैत से जीवन के संघर्षों को मिटाया जा सकता है। चूँकि आप सबके सामने इस समय वे पंक्तियाँ नहीं हैं इसलिए कुछ पंक्तियों को उद्धृत करना अनुपयुक्त नहीं होगा।

"ओ पथ के किनारे खड़े/छायादार पावन अशोक-वृक्ष/ तुम यह क्यों कहते हो कि/ तुम मेरे चरणों के स्पर्श की प्रतीक्षा में/जन्मों से पुष्पहीन खड़े थे/ तुम को क्या मालूम कि/ मैं कितनी बार केवल तुम्हारे लिए/धूल में मिली हूँ/धरती में गहरे उतर/जड़ों के सहारे/तुम्हारे कठोर तने के रेशों में/कलियाँ बन, कोंपल बन, सौरभ बन, लाली बन-/चुपके से सो गयी हूँ/कि कब मधुमास आये और तुम कब मेरे/प्रस्फुटन से छा जाओ!/फिर भी तुमको याद नहीं आया, नहीं आया/ तब तुम को मेरे इन जावक-रचित पाँवों ने/केवल यह स्मरण करा दिया कि मैं तुम्हीं में हूँ।" इन पंक्तियों के बाद प्रेमिका में छिपे प्रेमी-तत्त्व के बारे में भी पढ़ें- *"यह जो अकस्मात/आज मेरे जिस्म के सितार के/एक-एक तार में तुम झंकार उठे हो-/सच बतलाना मेरे स्वर्णिम संगीत/तुम कब से मुझ में छिपे सो रहे थे।"*

लेकिन इस काव्य-कृति की काव्य-वस्तु इतनी सीमित नहीं है। उसमें एक किशोरवय लड़की के उलाहने और समर्पण के मनोभाव भी भरे हुए हैं। एक भाव जो शुरू के कई हिस्सों में साथ रहता है, वह है प्रिय और प्रिया का अद्वैत भाव। दोनों दो नहीं एक ही हैं। लेकिन युद्ध में जाते ही अद्वैत का यह विचार खण्डित हो जाता है। राधा और कृष्ण दोनों अब दो अलग-अलग सत्ताएँ बन जाते हैं। कृष्ण तीर की भाँति और राधा प्रत्यंचा की तरह पीछे रह जाती है—

कौन था कनु, वह,
तुम्हारी बाहों में
जो सूरज था, जादू था, दिव्य था, मन्त्र था
अब सिर्फ़ मैं हूँ, यह तन है और याद है!
मन्त्र-पढ़े बाण-से छूट गये तुम तो कनु,
शेष रही मैं केवल
काँपती प्रत्यंचा-सी"

(आठवाँ संस्करण पृष्ठ 58)

राधा या कनुप्रिया इस रचना की काव्य-नायिका है। उसके और कृष्ण के बीच प्रेम और वियोग को इस बड़ी कविता का विषय बनाया गया है। कृष्ण के साथ राधा के लौकिक-अलौकिक और मानसिक-जिस्मानी प्रेम की कहानी के बाद कुरुक्षेत्र के रणस्थल में जा चुके कृष्ण और पीछे—अकेली छूट चुकी राधा की कहानी उसी की ज़बानी पाठक पढ़ता-सुनता है। कनुप्रिया काव्य की इतनी ही कहानी है। अब इसे विभिन्न रूपों में जीवन के और विषयों से भी जोड़ने की कोशिश कवि करता है।

इस काव्य में विचार के कई आधार आरोपित करने की सफल-असफल कोशिश करता है। प्रेम और युद्ध में से आपको कोई एक विषय चुनना हो तो आप किसे चुनेंगे? निश्चित ही सभी लोग प्रेम को ही चुनेंगे। फिर कृष्ण ने क्यों राधा के साथ प्रेम छोड़ युद्ध का रास्ता चुना? उसका परिणाम इस काव्य के अन्त में और 'अन्धा युग' दृश्य काव्य में आप पढ़ ही चुके हैं। फिर क्यों राधा को अकेला छोड़ कृष्ण रण में अपनी अठारह हज़ार अक्षौहिणी सेना के साथ चले जाते हैं? क्यों उस आम की डाल को भी कटवा दिया जाता है जिसकी बौर से कनु ने कनुप्रिया की माँग भरी थी? क्यों उस अशोक और कदम्ब को भी सेना के गुज़रने के लिए काट दिया जाता है? इन सभी प्रश्नों के जवाब राधा पूछती है।

प्रेम, मनुष्य का जीवन और प्रकृति तीनों को ही युद्ध के कारण नष्ट होना पड़ता है। फिर उस प्रेम को छोड़ कृष्ण युद्ध को क्यों स्वीकार करते हैं? युद्ध की इसी व्यर्थता को सामने लाने वाली कृति 'अन्धा युग' है। जिसमें सैनिकों के शुरुआती वाक्यों से ही युद्ध की निरर्थकता का संकेत रचनाकार देने लगता है। और अन्त में गान्धारी के प्रश्नों से उसका अन्त होता है। कनुप्रिया की कहानी भी यही है।

एक ओर प्रेमी कृष्ण हैं,तो दूसरी ओर युद्ध में गये हुए कृष्ण। कनुप्रिया युद्ध में घट रहीं अमानुषिक घटनाओं के लिए कृष्ण को दोषी ठहराते हुए प्रश्न करती है—

"हारी हुईं सेनाएँ, जीती हुईं सेनाएँ/नभ को कँपाते हुए, युद्ध-घोष, क्रंदन-स्वर,/ भागे हुए सैनिकों से सुनी हुई/अकल्पनीय अमानुषिक घटनाएँ युद्ध की/ क्या ये सब सार्थक हैं?/चारों दिशाओं से/उत्तर को उड़-उड़कर जाते हुए/ गृद्धों को क्या तुम बुलाते हो।" (आठवाँ संस्करण पृष्ठ 68)

इसी तरह का आरोप अन्धा युग में गांधारी कृष्ण पर लगाती है कि कृष्ण अगर चाहते तो युद्ध को टाल सकते थे। इन सारी अमानुषिक घटनाओं और हत्याओं को होने से बचाया जा सकता था। युद्ध स्थल पर आने वाले गिद्धों को कृष्ण ने बुलाया था क्या?

मिथक, साहित्य और कनुप्रिया

सन्तोष कुमार चतुर्वेदी

मिथक आमतौर पर किसी भी देश की परम्परा, संस्कृति और इतिहास से जुड़े होते हैं। इन मिथकों में मनुष्य के विकास के कई बिम्ब-प्रतिबिम्ब समाहित दिखाई पड़ते हैं। मिथक भाव-भूमि और संवेदनाओं से जुड़े होते हैं। इसी क्रम में मिथक रचनात्मकता से गहरे तौर पर जुड़ते हैं। कविता, कहानी हो या उपन्यास इन सब में मिथक किसी-न-किसी रूप में आते हैं और उस रचना को विशिष्ट अर्थ प्रदान कर जाते हैं। इतिहास की निर्मिति में भी इन मिथकों की भूमिका होती है। दामोदर धर्मानन्द कोसम्बी की किताब 'मिथ और यथार्थ' मिथकों को नये परिप्रेक्ष्य में देखने की एक ईमानदार कोशिश के रूप में दिखाई पड़ती है।

मिथक केवल कपोल कल्पना पर आधारित नहीं होते, बल्कि परिकल्पना पर आधारित होते हैं। वह परिकल्पना मूल्य पर आधारित थी। प्राचीन काल का वह समय ही ऐसा था जिसमें सामाजिक व्यवस्था को निर्मित किया जा रहा था। वह सामाजिक व्यवस्था, जिसमें मूल्यों को वरीयता दी जा रही थी। वह मूल्य जो मनुष्य को उसके अधुनातन अर्थों में मनुष्य बना रही थी। इस तरह मिथकों का जन्म समाज व्यवस्था को बनाने के लिए हुआ। इन मिथकों की ख़ासियत यह थी कि ये लोक विश्वास से जुड़े थे। इसीलिए इनमें एक सार्वजनीनता थी। यह सार्वजनीनता ऐसी थी जो चेतन मन ही नहीं अचेतन मन को भी प्रभावित करती थी। मशहूर मनोवैज्ञानिक जुंग इसी क्रम में मिथक को व्याख्यायित करते हुए लिखते हैं, "मिथक का जन्म व्यक्ति में नहीं, बल्कि समूह के मानस में होता है, वह भी चेतन मन में नहीं, अचेतन मन में।" कहना न होगा कि प्रारम्भिक समय में धर्म की मनुष्य के जीवन में बड़ी भूमिका थी। इसीलिए ये मिथक धार्मिक आस्थाओं, धार्मिक पुराख्यानों, महाकाव्यों से जुड़े हुए हैं। पुरातन काल में परिकल्पित किये गये धार्मिक मिथकों का मन्तव्य मिथकीय भय दिखा कर लोगों को विसंगतियों से दूर रखना था। अपने इन लक्ष्यों में ये मिथक सफल भी रहे।

धर्मवीर भारती ऐसे रचनाकार थे जिनका अध्ययन विशद था। कहा भी जाता है कि धर्मवीर भारती के मुख्य रूप से दो शौक थे—अध्ययन और यात्रा। इसी का प्रभाव उनके साहित्य पर दिखाई पड़ता है। अपने एक चर्चित निबन्ध 'ठेले पर हिमालय' में भारती जी अपने को उद्घाटित करते हुए लिखते भी हैं : "जानने की प्रक्रिया में होने और जीने की प्रक्रिया में जानने वाला मिजाज़ जिन लोगों का है उनमें मैं अपने को पाता हूँ।" महाकाव्य ग्रन्थ रामायण, महाभारत और श्रीमदभागवत भारती जी को अध्ययन के लिए अपनी तरफ़ आकर्षित करते रहते थे। लेकिन इसका मतलब यह नहीं कि वे लकीर के फ़क़ीर थे। अतीत को जानने के साथ-साथ अधुनातन मूल्यों का भी उनके लिए विशिष्ट महत्त्व था। यही कारण है कि कार्ल मार्क्स के आर्थिक विकास का सिद्धान्त उन्हें प्रिय था, क्योंकि वह अपने समय को श्रेष्ठ तरीक़े से उद्घाटित करता था।

प्रेम और रोमांस भारती जी के प्रिय विषय थे। साहित्य ही नहीं जीवन में भी वे इसे साकार करने के पक्षधर थे। शायद यही कारण है कि प्रेम और रोमांस का तत्त्व स्वाभाविक रूप से उनकी रचनाओं में भी पैठ करता हुआ दिखायी पड़ता है। लेकिन इसका मतलब यह नहीं कि उनका समय और समाज उनके साहित्य से अछूता रह जाता है। देश-काल-परिस्थिति किसी भी रचना का प्राण होते हैं और वही रचना को जीवन्त, सही मायने में कहें तो कालजयी बनाते हैं। धर्मवीर भारती अपने अतीत के साथ-साथ वर्तमान पर भी सजग दृष्टि रखते हैं। यही वजह है कि उनकी रचनाओं में मध्यवर्गीय जीवन के यथार्थ के चित्रण पर्याप्त रूप से मिलते हैं। मोटे तौर पर हमारे स्वतन्त्रता संग्राम का समय एक आदर्श समय के रूप में दिखाई पड़ता है। यह वह समय था जब राष्ट्र और समाज के लिए लोग प्रतिबद्धता के साथ जुड़ते थे। 'निज' के प्रति संकीर्णता की भावना उस तरह से नहीं दिखाई पड़ती जैसी बाद के दिनों में। स्वतन्त्रता के बाद हमारे मूल्य और आदर्श बड़ी तेज़ी से बदलते चले गये। स्वातन्त्र्योत्तर भारत में आयी मूल्यहीनता के प्रति चिन्ता भारती जी के साहित्य में मुख्य रूप से अभिव्यक्त होती है।

उनकी दृष्टि में "वर्तमान को सुधारने और भविष्य को सुखमय बनाने के लिए आम जनता के दुःख दर्द को समझने और उसे दूर करने की आवश्यकता है।" दुःख तो उन्हें इस बात का है कि आज 'जनतन्त्र' में 'तन्त्र' शक्तिशाली लोगों के हाथों में चला गया है और 'जन' की ओर किसी का ध्यान ही नहीं है। अपनी रचनाओं के माध्यम से इसी 'जन' की आशाओं, आकांक्षाओं, विवशताओं, कष्टों को अभिव्यक्ति देने का प्रयास उन्होंने किया है।

'कनुप्रिया' को हम एक तरह से खण्ड काव्य कह सकते हैं। इसका प्रथम संस्करण 1959 ई. में प्रकाशित हुआ। इसकी लोकप्रियता का आकलन इस बात से लगाया जा सकता है कि तब से अब तक इसके दस से अधिक संस्करण प्रकाशित हो चुके हैं। 'कनुप्रिया' की जिस समय रचना हुई, उस समय भारती जी की उम्र 33 वर्ष की थी। यौवन की उम्र जो प्रेम की तलाश में ही नहीं, प्रेम के समर्पण के लिए जाना-पहचाना जाता है। इसके पहले वे 'अन्धा युग' रच कर चर्चित हो चुके थे। 'अन्धा युग' में संघर्ष के साथ साथ चिन्ता है समय की, समाज की। समय आगे बढ़ता है। भारती प्रेम की तरफ़ उन्मुख होते हैं और इसी क्रम में अपने वास्तविक अर्थों में प्रेमपरक आवेग से भरी हुई रचना 'कनुप्रिया' आकार लेती है।

धर्मवीर भारती ने इस खण्ड काव्य को पाँच शीर्षकों के क्रम में रखते हुए अपनी बात रखी है। ये पाँच खण्ड हैं—1. पूर्व राग, 2. मंजरी परिचय, 3. सृष्टि-संकल्प, 4. इतिहास और 5. समापन।

कनुप्रिया मूलतः अनुभूतिपरक काव्य ग्रन्थ है। इसमें 'कनु' अर्थात कृष्ण की प्रिया राधा की अनुभूतियों को ख़ूबसूरती के साथ व्यक्त किया गया है। आम तौर पर यह विवाद का विषय रहा है कि अनुभूतियों का चित्रण उसके यथार्थ रूप में भुक्तभोगी वर्ग ही पेश कर सकता है अथवा कोई अन्य भी। ख़ासकर दलित, आदिवासी और स्त्री सन्दर्भ में यह बात समय-समय पर उठाई जाती रही है, लेकिन सूरदास ने नेत्रहीन होते हुए भी बाल जीवन का जो जिक्र किया है वह अपने आप में अद्वितीय है। इसी आधार पर कहा जा सकता है कि पुरुष होकर भी धर्मवीर भारती ने नारी के अन्तर्मन की एक-एक परत खोल कर देखी है। बहरहाल कनुप्रिया को पढ़ते हुए बार-बार ऐसा लगता है जैसे किसी स्त्री ने इसे रचा हो। चर्चित रचना होने के नाते यहाँ नाम हटा कर देखने की गुंज़ाइश भी नहीं बचती। लेकिन मेरा मानना है कि जो धर्मवीर भारती के नाम काम से परिचित न हों उन्हें अगर कनुप्रिया पढ़ने को दी जाये तो उनकी प्रतिक्रिया यही होगी कि यह तो स्त्री मन की व्यथा कथा है। इसे पढ़ते हुए ऐसा लगता है जैसे धर्मवीर भारती ने परकाया प्रवेश करते हुए नारी के अन्तर्मन की बात ज्यों कि त्यों रख दी है। इस काव्य में नारी मन की संवेदनाओं को उसके अन्तरतम में व्यंजित किया गया है। समग्र तौर पर हम यह कह सकते हैं कि 'कनुप्रिया' प्यार के नैसर्गिक सौन्दर्य का अप्रतिम चित्रण है।

राधा जो कनुप्रिया खण्ड काव्य के मूल चरित्र के रूप में हैं, एक स्त्री भर नहीं हैं। महज एक पात्र भर नहीं हैं, बल्कि यहाँ पर राधा सम्पूर्ण स्त्री जाति का प्रतिनिधित्व करती नज़र आती हैं। वह स्त्री जिसके अनेक रूप होते हैं। कनुप्रिया की राधा में भी इन अनेक रूपों का समन्वय मिलता है। यहाँ पर राधा शक्ति का प्रतिरूप हैं। वह शक्ति जिसके बारे में कहा जाता है कि उसके बिना शिव शव भर रह जाते हैं। राधा को यह भली-भाँति पता है कि कृष्ण ईश्वर के अवतार हैं। वैसे भी भारतीय परम्परा में पति को परमेश्वर मानने की एक लम्बी परम्परा रही है। एक स्त्री के रूप में राधा के लिए कृष्ण भी ईश्वर हैं, जबकि वह स्वयं एक नश्वर शारीरिक प्राणी। नश्वर जिसे अन्ततः नष्ट हो जाना है। ईश्वर जो सतत है। जो नष्ट नहीं हो सकता। ईश्वर को हम इस अर्थ में प्रकृति भी कह सकते हैं जिसका इस सृष्टि के साथ चोली दामन का सम्बन्ध है। कृष्ण अवतारी पुरुष हैं। धर्म की हानि को उन्मूलित करने के लिए उन्होंने यह अवतार लिया है। अपना दायित्व पूरा करने के बाद कृष्ण को अपने मूल धाम विष्णुलोक लौना है। लेकिन राधा तो स्त्री ठहरी। विष्णु लोक उनके लिए अगम्य है। लेकिन राधा ने तो अपने कनु यानी कृष्ण के साथ निच्छल प्रेम किया है। वह प्रेम जो हमेशा समानता का पक्षधर हुआ करता है। वह प्रेम जहाँ प्रेमी-प्रेमिका दो शरीर होते हुए भी एकमना हो जाते हैं। वह प्रेम जिसे महसूस भर किया जा सकता है अर्थात जो मूलतः अव्यक्त होता है। वह प्रेम जो जन्म जन्मान्तर तक साथ का यक़ीन दिलाता है। फिर अपनी लीला का समापन कर कृष्ण जब अपने लोक चले जायेंगे, तब राधा का क्या होगा? आख़िर राधा कनु की प्रेयसी हैं। यह 'क्या होगा' किसी भी स्त्री या प्रेमिका को हमेशा मथता रहता है। स्वाभाविक रूप से राधा की चिन्ता के भी मूल में यह 'क्या होगा' ही है।

राधा मूलतः सहजता के पक्ष में है। वह सहजता जो आम जनता की पूँजी होती है। वह सहजता जो उसे ख़ास से अलगाती है। ध्यातव्य है कि यह वह आम जन ही है जो ख़ास-को-ख़ास बनाता है। अपने आप में ख़ास की कोई तस्वीर नहीं बनती। धर्मवीर भारती 'कनुप्रिया' की भूमिका में लिखते भी हैं, "लेकिन वह क्या करे जिसने अपने सहज मन से जीवन जिया है। तन्मयता के क्षणों में डूबकर सार्थकता पायी है और जो अब उद्घोषित महानताओं से अभिभूत और आतंकित नहीं होता बल्कि आग्रह करता है कि वह उसी सहज की कसौटी पर समस्त को कसेगा। ऐसा ही आग्रह है कनुप्रिया का।"

युद्ध मानव समाज की ऐसी आवश्यक बुराई है, जिसे दुनिया का कोई शासक पसन्द नहीं करता, फिर भी उसे कहीं-न-कहीं, कभी-न-कभी युद्ध जाल में उलझना ही पड़ता है। मैं जब यह आलेख लिख रहा हूँ, उस समय यूक्रेन पर रूस के ताबड़तोड़ हमले हो रहे हैं। यूक्रेन लगभग तबाह हो गया है। यह लड़ाई अहम् की है। अगर यह भयावह युद्ध और विस्तृत हुआ तो तीसरा विश्व युद्ध शुरू होना अवश्यम्भावी हो जायेगा, ऐसा विशेषज्ञों का अनुमान है। भले ही यह युद्ध आत्मरक्षा के नाम पर रूस द्वारा किया जा रहा है, लेकिन आत्मरक्षा केवल आक्रामक देश की ही तो नहीं होती बल्कि वह आक्रान्ता देश की भी होती है। फिर उस आम जनता का क्या कुसूर जो इन युद्धों में अपना सर्वस्व गँवा बैठते हैं। कनुप्रिया में कृष्ण एक तरफ़ जहाँ अक्षौहिणी सेना के संगठन में लगे हैं, वहीं राधा आम के बौर से ख़ुद को सजाकर अपने प्रेमी की प्रतीक्षा में है। यह राधा की प्रतिबद्धता है। युद्ध को जीवन की आवश्यकता मानने वाले मानते रहें, यह तो राधा है जिसके लिए प्रेम ही सर्वोपरि है। प्रेम ही अनिवार्य है। इसी क्रम में वह अपने को सजाने के लिए उस आम्र मंजरी को चुनती है, जिससे कृष्ण की गहन आत्मीयता है। यही तो प्रेम है, प्रेम का समर्पण है।

यह वह युगीन सन्दर्भ है जो राधा की हा कर भी हमारे समय का है। यही तो किसी भी रचना की प्रासंगिकता होती है। राधा प्रेम में भले ही है लेकिन पूरे स्वाभिमान के साथ। यह उसका सचेतन रूप है। उसका यह स्वाभिमान एक प्रेयसी का ही नहीं बल्कि एक सामान्य जन का भी है।

उस आम के बौर से मेरी कँवारी, उजली,
पवित्र माँग भर रहे थे साँवरे
पर मुझे देखो कि मैं उस समय भी
तो माथा नीचा कर
इस अलौकिक सुहाग से प्रदीप्त होकर
माथे पर पल्ला डाल कर
झुक कर तुम्हारी चरण धूलि ले कर
तुम्हें प्रणाम करने नहीं आयी,
नहीं आयी, नहीं आयी

(मंजरी परिणय : आम्र बौर का गीत)

तो यह हैं राधा। जो प्रेम में हो कर भी अपना अस्तित्व बनाये रखने के पक्ष में है। यह वह आत्माभिमान है जिसे वह किसी भी क़ीमत पर खोना नहीं चाहती। प्रेम की क़ीमत पर भी नहीं। प्रेम में एकाकार होना स्वीकार्य है लेकिन विलीन होना नहीं। आत्माभिमान पहले जो अस्तित्व का परिचायक है। प्रेम बाद में जो ज़िन्दगी के व्यवहार से जुडता है।

कनुप्रिया की सफलता इस सचाई पर आधारित है कि युद्ध से कहीं अधिक ताक़तवर प्रेम होता है। क्षणिक समय के लिए यह लग सकता है कि युद्ध ताक़तवर है लेकिन हक़ीक़त तो यही है कि युद्ध ध्वंश रचता है। ताक़त के दम पर प्रेम पैदा हैं किया जा सकता। प्रेम हृदय से यानी कि संवेदनाओं से जुड़ा हुआ है जबकि युद्ध बुद्धि यानी शक्ति और चतुराई से जुड़ा हुआ है। प्रेम में वास्तविक प्रेमी पराजित होने की आकांक्षा रखता है, जबकि युद्ध में कमज़ोर व्यक्ति भी पराजित होना नहीं चाहता। प्रेम के क्षण रचनात्मकता से भरे होते हैं जबकि युद्ध के क्षण विनाश की गाथा लिखते हैं। हमारी भारतीय परम्परा में युद्ध किसी को महान नहीं बना पाता। हाँ, प्रेम का भाव महानता ज़रूर प्रदान कर सकता है। अशोक और अकबर जैसे शासकों को महान कहे जाने की पृष्ठभूमि में उनका समन्वयवादी दृष्टिकोण ही है। बुद्ध ने अपने प्रेम से अंगुलिमाल जैसे दुर्दान्त डकैत को नतमस्तक बना दिया। वस्तुतः प्रेम की रागात्मक वृत्ति सम्बन्धों को प्रगाढ़ करने का काम करती है जबकि युद्ध की विनाशात्मक वृत्ति सम्बन्धों के दायरे को अधिक संकीर्ण कर देती है। युद्ध की भयावहता का जिक्र 'कनुप्रिया' में भी कुछ इस तरह है-

यह आम्रवृक्ष की डाल
उनकी विशेष प्रिय थी
तेरे न आने पर
सारी शाम इस पर टिक
उन्होंने वंशी में बार-बार
तेरा नाम भर कर तुझे टेरा था—
आज यह आम की डाल
सदा-सदा के लिए काट दी जायेगी
क्योंकि कृष्ण के सेनापतियों के
वायुवेगगामी रथों की

गगनचुम्बी ध्वजाओं में
यह नीची डाल अटकती है
और यह पथ के किनारे खड़ा
छायादार पावन अशोक वृक्ष
आज खण्ड-खण्ड हो जायेगा तो क्या–
यदि ग्रामवासी, सेनाओं के स्वागत में
तोरण नहीं सजाते
तो क्या सारा ग्राम नहीं उजाड़ दिया जायेगा?

यह विडम्बना ही है कि रास्ते में पड़ने वाले जो स्थान पहले कभी राधा कृष्ण के प्रणय का गवाह बना करते थे वे आज सैनिकों के क़दमों से धूल धूसरित होने वाले हैं। प्रेम से जुड़े होने के कारण ये स्थान राधा के मनःस्थल से जुड़े हैं। राधा आज भी इन स्थलों को याद कर उन क्षणों को याद करती है, जो कभी उनके प्रणय स्थल हुआ करते थे। उनके कृष्ण के सैनिकों द्वारा विनष्ट होने का आभास राधा के लिए अत्यन्त कष्टप्रद है। यह रागात्मक लगाव मानवीय वृत्ति है। यही वह वृत्ति है जिसके वशीभूत होकर भारत भूमि से जुड़े अप्रवासी बार-बार अपनी जड़ों की खोज भवन भारत आते हैं और यहाँ अपनी मातृभूमि की ख़ाक छानते फिरते हैं।

युद्ध भला किसे प्रिय होगा? राधा को भी युद्ध प्रिय नहीं है। वह युद्ध की इस मनःस्थिति से इतना आक्रान्त है कि उसे हमेशा युद्ध की विकटता के चित्र ही दिखाई देते हैं। राधा इस बात का अहसास कराती है-

मैंने देखा कि अगणित विक्षुब्ध विक्रान्त लहरें
फेन का शिरस्त्राण पहने
सिवार का कवच धारण किये
निर्जीव मछलियों के धनुष लिए युद्धमुद्रा में आतुर हैं
और तुम कभी मध्यस्थ हो
कभी तटस्थ
कभी युद्धरत
और मैंने देखा कि अन्त में तुम
थक कर
इन सब से खिन्न, उदासीन, विस्मित और

कुछ-कुछ आहत
मेरे कन्धों से टिक कर बैठ गये हो।'

युद्ध की अन्तिम परिणति दुःख, खिन्नता, उदासीनता, आहत होना आदि ही होती है। यही युद्ध की सीमा भी होती है और आहत मन को प्यार की दरकार होती है। यहाँ भी राधा यह स्वप्न देखती है कि युद्ध से आहत कृष्ण उनके कन्धों पर सिर टिका कर बैठ गये हैं और वह सुखानुभूति महसूस कर रहे हैं, जो सिर्फ़ अपनों का सामीप्य या स्पर्श ही दे सकता है।

इतिहास खण्ड के अन्तर्गत एक कविता का शीर्षक ही है 'अमंगल छाया'। युद्ध अमंगल का ही तो प्रतिनिधित्व करता है।

"घाट से आते हुए
कदम्ब के नीचे खड़े कनु को
ध्यानमग्न देवता समझ, प्रणाम करने
जिस राह से तू लौटती थी बावरी
आज उस राह से न लौट"

उजड़े हुए कुंज
रौंदी हुई लताएँ
आकाश पर छायी हुई धूल
क्या तुझे यह नहीं बता रही
कि आज उस राह से
कृष्ण की अठारह अक्षौहिणी सेनाएँ
युद्ध में भाग लेने जा रही हैं।"

युद्ध सारे सन्दर्भों को बदल डालता है। वह उन अनुभूतियों और चेतनाओं को बदल डालता है, जो हमारे मानस में गहरे धँसे हुए होते हैं। और युद्ध तो अपने आप ही ध्वंस के जरिये अपनी कहानी बयाँ कर डालता है। क्या धरती, क्या आसमान, क्या जीव क्या वनस्पति सब अपनी-अपनी तरह से वह सब बता डालते हैं, जो घटित होता है।

दुनिया में अनगिनत युद्ध हुए होंगे। लेकिन किसी युद्ध ने कभी अपनी सार्थकता साबित नहीं की। युद्ध अन्ततः निरर्थक साबित होता है। युद्ध से मसले

अल्पकालिक तौर पर भले सुलझ जाये, दीर्घकालिक तौर पर और भी उलझ जाते हैं। सम्बन्धों में दुराव पैदा हो जाता है–

दुनिया में अनगिनत युद्ध हुए होंगे। लेकिन किसी युद्ध ने कभी अपनी सार्थकता साबित नहीं की। युद्ध अन्ततः निरर्थक साबित होता है। युद्ध से मसले अल्पकालिक तौर पर भले सुलझ जायें, दीर्घकालिक तौर पर और भी उलझ जाते हैं। सम्बन्धों में दुराव पैदा हो जाता है। बदले की भावना उपजती है। और फिर एक भावी युद्ध का बीज पड़ जाता है। वैसे भी राष्ट्रों की सीमाएँ हम मनुष्यों के दिमाग़ की ही उपज हैं। शासक अपनी सीमाओं को विस्तृत करने के उपायों में लगा रहता है। प्रभुता मद यानी कि अहंकार पैदा करती है। सत्ता का आकर्षण कुछ ऐसा ही होता है। तुलसीदास लिखते भी हैं-

नहिं कोउ अस जनमा जग माहीं। प्रभुता पाइ जाहि मद नाहीं।।

कृष्ण जिस युद्ध से जुड़े हैं, वह महाभारत है। वह महाभारत का युद्ध जिसे रामधारी सिंह दिनकर 'भव्य भारतवर्ष के कल्पान्त का कारण' मानते हैं। इस युद्ध में कृष्ण जब पाण्डवों के लिए पाँच गाँवों की माँग करते हैं, तब दुर्योधन सुई की नोक के बराबर भी ज़मीन न देने की बात करता है। आख़िरकार यही युद्ध उसके जीवन के अन्त का कारण भी बना।

प्यार की भाषा सहज लगती है। लगने के बावजूद सहज होती नहीं। प्यार समर्पण माँगता है। समर्पण चाहता है। इसमें कहीं भी प्रतिशोध नहीं होता। यह रचनात्मकता से भरा होता है। इसमें सृजन की संकल्पना होती है।

यह सारे संसार से पृथक पद्धति का
जो तुम्हारा प्यार है न
इसकी भाषा समझ पाना क्या इतना सरल है।

सचमुच प्रेम की भाषा इतनी सरल भी कहाँ होती है। युद्धोन्मादियों को इसकी लिपि समझ में ही नहीं आयेगी। वे पहले भी नासमझ थे, आज भी नासमझ हैं। किसी भी रचना का सन्दर्भ प्रासंगिकता से जुड़ता है। 'कनुप्रिया' इन अर्थों में ऐसी सशक्त कृति है जो आज भी प्रासंगिक है।

कनुप्रिया-एक पुनर्यात्रा

राधावल्लभ त्रिपाठी

1

कनुप्रिया भावाविष्ट दशा में रची गयी कविता है। वह एक आवेग, एक आवेश और तज्जन्य विवशता भी है तथा एक नशा और उन्माद भी। धर्मवीर भारती के सारे साहित्य का ही यह एक लक्षण लगता है। वे रचना तभी करते हैं, जब उसे लिखना न लिखना उनके वश में नहीं रह जाता, एक आवेश उनसे लिखवा लेता है। कुछ अपवादों को छोड़ कर उनकी कहानियाँ ऐसी ही लिखी गयी लगती हैं। मोहक बाँधने वाला संसार भी वे रचते हैं, उसमें रमते हैं। इसके टूटकर बिखरने पर बिसूरते हैं। उनकी कथाओं के पात्र भी अपने विधाता के आवेश या उन्माद से परिचालित होते हैं।

2

कुछ साल पहले कनुप्रिया की रंगमंच पर एक प्रस्तुति देखी थी–भोपाल की एक संस्था के द्वारा। इस संस्था के द्वारा यह कनुप्रिया की दूसरी प्रस्तुति थी, पहली प्रस्तुति की सीडी मुझे उपलब्ध करायी गयी थी, उसे देख कर लगा कि कनुप्रिया तो एक अनोखी रंगानुभूति कराती है। राष्ट्रीय संस्कृत संस्थान के अखिल भारतीय नाट्य महोत्सव में इसे आमन्त्रित कराया और वहाँ इसे देखा। यह प्रस्तुति अवाक् कर देती है और स्तब्ध छोड़ देती है। निदेशक ने कनुप्रिया के सारे आवेग को थाम लिया है। समय बार-बार इस प्रस्तुति में थम कर ठिठक कर रह जाता है। नृत्य की अत्यन्त मन्थर गतियों के द्वारा ऐसा कराया गया। संवाद भी इसी तरह मन्द्र मन्थर स्वर में बुलाये गये। इस सारी मन्थरता के बीच आवेश, आवेग और त्वरा को पृष्ठभूमि में डाल दिया गया, जहाँ कृष्ण और उनके सैनिक महाभारत के महासमर में जूझने के लिए प्रयाण कर रहे हैं, वृन्दावन की धरती को रौंदते हुए निकलते जा रहे हैं।

क्या राधा या कनुप्रिया जीवन के अकुण्ठ थिराव की और परम्परा की शाश्वतिकता की प्रतीक कहीं जायें और कृष्ण को इतिहास का, साम्प्रतिक भाग-दौड़ का, समय की राजनीति का प्रतीक माना जाये, जैसा इस प्रस्तुति में एक सीमा तक दिखाने का प्रयास किया गया?

और क्या कनुप्रिया भारती के सारे आवेग और उफान को थिराव में परिणत करने की कविता है? अन्तिम सर्ग के अन्तिम पद में हम देखते हैं कि नायिका पगडण्डी पर उसी थिराव में कनु की प्रतीक्षा में खड़ी हैं—

सुनो मेरे प्यार!
तुम्हें मेरी ज़रूरत थी न,
लो मैं सब छोड़कर आ गयी हूँ
ताकि कोई यह न कहे
कि तुम्हारी अन्तरंग केलि-सखी
केवल तुम्हारे साँवरे तन के नशीले संगीत की
लय बन कर रह गयी...।
तुमने मुझे पुकारा था न!

मैं पगडण्डी के कठिनतम् मोड़ पर
तुम्हारी प्रतीक्षा में
अडिग खड़ी हूँ, कनु मेरे!

पगडण्डी के कठिनतम् मोड़ पर कनुप्रिया खड़ी रह गयी है, इतिहास के बाहर, समय के थिराव में समय की अनन्तता में राधा कृष्ण की चिरन्तन प्रतीक्षा में रत हैं। पर कृष्ण वहाँ कहाँ हैं? कृष्ण अपने इतिहास में हैं। इतिहास विखण्डित है, समय की अखण्डता में संश्लिष्ट नहीं हो पाता। इसलिए भारती की कविता एक झटके इस सवाल में समाप्त होती है—

मैं आ गयी हूँ प्रिय!
मेरी वेणी में अग्निपुष्प गूँथने वाली
तुम्हारी उँगलियाँ
अब इतिहास में अर्थ क्यों नहीं गूँथती?

3

वैष्णव काव्यधारा में कृष्ण रसिक नागर हैं। नागर जीवन के अनेक अभिप्राय उनके साथ भक्त कवि जोड़ कर भक्ति और शृंगार का समागम रचते आये हैं। भारती अभिप्राय संस्कृत काव्यधारा से लेते हैं पर आशय बदल देते हैं। दोहद संस्कृत साहित्य में एक प्रसिद्ध अभिप्राय है। मनुष्य जीवन के साथ पेड़ों के जीवन का कैसा तादात्म्य पहले के लोगों के अनुभव में रहा है—इस का एक जीवन्त उदाहरण दोहद शब्द है। दोहद का अर्थ है गर्भवती स्त्री की विशेष इच्छा। भारतीय परिवारों में यह पारम्परिक मान्यता रही है कि जो महिला माँ बनने वाली है, उसकी यदि कोई विशेष इच्छा हो, तो उसे अवश्य पूरा किया जाये। उसमें गर्भ में पलते बच्चे की सुकुमार चाह हो सकती है। ऐसी स्त्री से आग्रह से पूछा जाता है कि तुम्हें क्या चाहिए। पर दोहद शब्द का प्रयोग माँ बनने वाली महिलाओं के लिए ही नहीं, वनस्पतियों के लिए भी संस्कृत साहित्य में खूब होता आया है अर्थात् गर्भवती स्त्रियों के ही दोहद नहीं होते, वनस्पतियों के—पेड़ों और लताओं के भी दोहद होते हैं। यदि स्त्रियाँ प्रसव कर सन्तान को जन्म देती हैं, तो पेड़ों और लताओं का फूलों और फलों को जन्म देना भी प्रसव है और जैसे स्त्रियों के प्रसवपूर्व दोहद होते हैं, वैसे ही वनस्पतियाँ गर्भवती होती हैं, तो उनके भी तो दोहद होंगे। वृक्षायुर्वेद में स्त्री के शरीर और वृक्षों के शरीर की तुलना करते हुए कहा गया—

विशिष्टदोहदादिमत्त्वं विशिष्टस्त्रीशरीरत्वं यथा स्त्रीशरीरस्य तथाविधदोहदपूरणात् पुत्रादिप्रसवनं तथा वनस्पतिशरीरस्यापि तत्पूरणात् पुष्पफलादि—प्रसवनम्। [1]

अर्थात् स्त्री की जैसी काया वृक्षों और लताओं की भी होती है। यदि प्रसव करने जा रही स्त्री की काया में दोहद होते हैं, और ऐसे दोहदों को पूरा करने से स्त्री को अच्छी सन्तान की प्राप्ति होती है, तो उसी तरह पेड़ों और लताओं में भी फूल और फल आने के समय दोहद होते हैं और उनके दोहदों को पूरा करने पर भी उनमें अच्छे फूल और फल आयेंगे।

अब प्रसव करने को तैयार पेड़ और लताएँ तो शब्दों से कह कर नहीं बता पाते कि उनका दोहद क्या है, इसलिए वृक्षायुर्वेद के जानकारों और कवियों ने अपने प्रयोगों तथा संवेदनशीलता से पेड़ और लताओं के दोहदों का निरूपण किया है। जैसे माँ बनने वाली हर स्त्री का दोहद अपना-अपना हो सकता है, उसी तरह लहक उठने और फूल उठने के लिए हर वनस्पति का अपना अपना दोहद हो सकता है, चाहे वह लता हो या वृक्ष।

वनस्पतियों के अलग अलग दोहदों का वर्णन आचार्य परम्परा में ख़ूब किया जाता रहा है और कविगण भी उनका निदर्शन प्रस्तुत करते रहे हैं। सुन्दरियों के पादाघात से अशोक फूलता है, वकुल चाहता रहता है कि वे आयें और उसकी जड़ों को अपने मुँह में मदिरा भर कर उसके कुल्ले से सींच दें आदि-आदि।

स्त्रियों के पादाघात की कामना तो दक्षिण और शठ कोटि से पुरुष नायक भी करते आये हैं और संस्कृत के कवियों ने हमारे अनेक महान् नायको को उनकी प्रियाओं से लतियाने का भी वर्णन किया है।

भारती संस्कृत कविता के ये अभिप्राय लेते हैं, उनका अपने भाव-संसार में अनुकूलन करते हुए पुनर्नियोजन करते हैं। वे दोहद के अभिप्राय में उलट-फेर कर देते हैं। दोहद पाने वाला अपना दोहद माँग रहा है या नहीं, उसे पाने के लिए ललचा रहा है या नहीं–यह सवाल तो अनुमान का विषय भर है। दोहद देने वाले में दोहद पूरा करने की चाह, उससे ज़्यादा बलवती है। कनुप्रिया के पहला सर्ग राधा की इस उक्ति से आरम्भ होता है–

पथ के किनारे खड़े छायादार पावन अशोक-वृक्ष
तुम यह क्यों कहते हो कि
तुम मेरे चरणों के स्पर्श की प्रतीक्षा में
जन्मों से पुष्पहीन खड़े थे
तुम को क्या मालूम कि
मैं कितनी बार केवल तुम्हारे लिए–
धूल में मिली हूँ
धरती में गहरे उतर जड़ों के सहारे
तुम्हारे कठोर तने के रेशों में कलियाँ बन,
कोंपल बन, सौरभ बन, लाली बन–
चुपके से सो गयी हूँ
कि कब मधुमास आये और तुम कब मेरे
प्रस्फुटन से छा जाओ!

भारती वैष्णव भावधारा की कविता के रस में रचे बसे होकर उससे कुछ हट कर भी चलते हैं और आधुनिकता की कृत्रिम कुल्याओं से उसे जोड़ने लगते हैं। जयदेव के गीतगोविन्द की रसमाधुरी से कनुप्रिया सराबोर है और उससे बहुत अलग भी। भारती के राधा और कृष्ण भागवत के कृष्ण और गोपियों या जयदेव के कृष्ण राधा से कितने अलग हैं–भागवत और जयदेव दोनों में लीलातत्त्व की

व्याप्ति है, गोपियाँ और राधा पूरी तरह समर्पित भी होती हैं और कृष्ण से लड़ती, झगड़ती हैं। मानिनी नायिकाएँ भी बनती हैं। जयदेव के कृष्ण–

श्लिष्यति कामपि चुम्बति कामपि रमयति कामपि रामाम्

किसी गोपी का आलिंगन करते हैं, किसी को चूमते हैं, किसी के साथ रमण करते हैं। राधा कभी ईर्ष्याकषायित होकर रूठती हैं, कभी कह देती हैं–

गोविन्दं व्रजसुन्दरीगणवृतं पश्यामि हृष्यामि च।

व्रज की सुन्दरियों से घिरे अपने गोविन्द को मैं देखती हूँ और हर्षित होती रहती हूँ।

भारती लीलाभाव की सनातन तत्त्व की व्याख्या कर देते हैं पर क्या सम्पूर्णतया अपने अनुभव में उसे रचा-बसा पाते हैं?

अगर यह निखिल सृष्टि
मेरा ही लीलातन है
तुम्हारे आस्वादन के लिए–

अगर ये उत्तुंग हिमशिखर
मेरे ही–रुपहली ढलान वाले
गोरे कन्धे हैं–जिन पर तुम्हारा
गगन-सा चौड़ा और साँवला और
तेजस्वी माथा टिकता है।

भागवत में तो राधा का नाम ही नहीं है, एक कृष्ण की विशेष चहेती गोपी का संकेत अवश्य है। जयदेव में राधा अपने परे ठाठ और ठसक के साथ हैं पर भागवत और गीतगोविन्द दोनों में कृष्ण और राधा के अलावा एक बड़ा गोप-गोपी समाज है। दोनों में देह की उपस्थिति भरपूर है। गीतगोविन्द की विरहिणी राधा के उरोजों पर विरह का ताप दूर करने के लिए फूलों के हार पहनाये जाते हैं, वे हार राधा को भार लगते हैं, चन्दन का लेप उनको विष का लिथड़ना लगने लगता है। वे रोमांचित होती हैं, सिसकारियाँ भरती हैं, काँपती हैं, कलपती हैं, फिर ध्यान में मग्न हो जाती हैं, उद्भ्रान्त हो जाती हैं, बावली होकर चल पड़ती हैं फिर मूर्च्छित हो जाती हैं। कामसूत्र और काव्यशास्त्र के ग्रन्थों में नायिका की क़ामावस्थाओं को जयदेव अनुभावों के वर्णन के द्वारा अपनी गोपियों और राधा

पर घटाते चलते हैं। भारती में अनुभाव कम से कमतर होते जाते हैं। अनुभाव तो देह में होते हैं, इसलिए उनकी कनुप्रिया में देह ओझल होता जाता है।

जयदेव के गीतगोविन्द में पहले ही मंगल पद्य में नन्द राधा से कहते हैं कि कृष्ण बच्चा है, रात को घर जाने में डरता है, तुम्हीं इसे घर पहुँचा आओ। कृष्ण यावक रस लगाते हैं। राधा ऐसी-ऐसी टेढ़ी हैं कि पाँव गोद में रखकर यावक रस पोतो चाहे पाँवों पर नाक ही रगड़ दो, वे रूठने पर उतारू हो जायें तो मनाना मुश्किल।

जयदेव की राधा प्रगल्भा नायिका हैं, वे कृष्ण का उद्‌भट चुम्बन करती हैं, रास के उल्लास में भर कर प्रेमान्ध हो जाती हैं।

जयदेव अपनी रचना को केलिकथा कहते हैं। केलि की किलकारियाँ कनुप्रिया में भी हैं। जयदेव अपने रसिक श्रोताओं से कहते हैं कि विलास कला में कौतूहल हो और हरिस्मरण में मन रँगा हुआ हो, तो जयदेव की इस सरस्वती या वाणी को सुनिए।

भारती के सामने रसिक श्रोता समाज नहीं है। वे एकान्त वीणा को साधते हैं।

जयदेव अपने को पद्मावती चरणचारणचक्रवर्ती कहते हैं अर्थात् वे अपनी प्रिया अर्द्धांगिनी पद्मावती के चरणों की चाकरी करना उनके लिए चक्रवर्ती के बराबर गौरव है। राधाभाव में वे ऐसे रँग गये हैं कि निजी जीवन में अपनी प्रेयसी को वे उस भाव से देखते हैं। इतना होने पर भी गीतगोविन्द एक नारी का विमर्श नहीं पुरुष का विमर्श है। कृष्ण का चरित्र उसमें प्रधान है। कृष्ण गोपियों के संग रास भी रचाते हैं—एक-एक गोपी को रमाते हैं, रिझाते हैं, गले लगाते हैं। दूसरी ओर सृष्टि के कण-कण में व्यापे परम तत्त्व भी वे हैं, वे ही मत्स्यावतार लेकर वेदों का उद्धार वे करते हैं, वे ही नरहरि बनकर हिरण्यकशिपु का वक्षःस्थल चीरते हैं, वे ही वामन बन कर बलि को छलते हैं, भृगपति के रूप में क्षत्रियों के रुधिर से इक्कीस कुण्ड भर कर पितरों का तर्पण भी वे ही करते हैं, राम बन कर दशमुख के दसों सिरों की बलि भी वे चढ़ाते हैं और वे ही यज्ञों में पशुओं की बलि चढ़ाने की हिंसा की निन्दा करते हुए करुणामय बुद्ध के रूप में जन्म लेते हैं। ग्वाले के रूप में वे *गोपीपीनपयोधरकुचयुगमर्दनशाली* भी हैं, विष्णु के रूप में *पद्मापयोधरतटीपरिरम्भलग्नकेसरकश्मीरमुद्रित वक्ष* वाले या लक्ष्मी का आलिंगन करने के कारण उसके उरोजों पर लगी केसर से सने वक्षःस्थल वाले भी हैं। जयदेव राधा और कृष्ण के भाव से सृष्टि के कण-कण को निहारते हैं,

वसन्त में फूलने वाले एक-एक वृक्ष को इसी दृष्टि से ताक़ते हैं, यहाँ तक कि दीन हीन बटोहियों को भी वे करुणा की दृष्टि से देखते हैं।

भागवत और गीतगोविन्द में देह की भरपूर उपस्थिति के साथ समर्पण की भी पराकाष्ठा है और भक्ति को जीवनचर्या बना दिया गया है।

कनुप्रिया में लीलातत्त्व की सारी दार्शनिकता और कृष्ण का बहुवल्लभात्व व्यक्तिवाद में सिमट कर रह गया है। उसमें कनु या कृष्ण साक्षात् अवतरित होते ही नहीं, कनुप्रिया उनकी प्रतीक्षा में सिमटी रह जाती है। सारी-की-सारी रचना राधा या कनुप्रिया का एकालाप है। यह कृष्ण के प्रति एक बहुत ही मनोहारी अभियोगपत्र—उपालम्भों या शिकायतों का बेहतरीन गुलदस्ता है, जिसके भीतर भारती की समकाल की चिन्ताएँ समायी हुई हैं। यह उनकी कनुप्रिया की सीमा और बड़ी सम्भावना दोनों है। भारती भक्तिकाव के मध्ययुगीन बोध को समकालीन बोध से विस्थापित कर देते हैं।

संस्कृत कविता में नायक नायिका के चरणों में लाक्षारस लगाते दिखाये गये हैं। वे नायिका के सुकुमार चरण अपनी गोद में प्रेम से रखते हैं। धीरे-धीरे उसकी पगथली पर लाक्षारस लगाते हैं। लाक्षारस अलते या महावर को कहते हैं। याव या यावकरस भी इसका नाम मिलता है—जतु, लाक्षा या लाक्षारस और राक्षा भी इसे कहा गया है (अमरकोश 2.6.125)।

गीतगोविन्द में भी कृष्ण राधा के चरणों में लाक्षारस या महावर लगाते हैं, कनुप्रिया में भी वे यही करते हैं। पर कनुप्रिया में यह यावकरस एक दूसरे के रस में डूब जाने का और अभिन्न हो जाने का माध्यम बन जाता है।

फिर भी तुम्हें याद नहीं आया, नहीं आया,
तब तुम को मेरे इन जावक-रचित पाँवों ने
केवल यह स्मरण करा दिया कि मैं तुम्हीं में हूँ
तुम्हारे ही रेशे-रेशे में सोयी हुई—
और अब समय आ गया कि
मैं तुम्हारी नस-नस में पंख पसार कर उड़ूँगी
और तुम्हारी डाल-डाल में गुच्छे-गुच्छे लाल-लाल
कलियाँ बन खिलूँगी!
...

जब तुम पोई की जंगली लतरों के पके फलों को
तोड़कर, मसलकर, उन की लाली से मेरे पाँव को
महावर रचने के लिए अपनी गोद में रखते हो
तो मैं लाज से धनुष की तरह दोहरी हो जाती हूँ
अपनी दोनों बाँहों में अपने घुटने कस
मुँह फेर कर निश्चल बैठ जाती हूँ
पर शाम को जब घर आती हूँ तो
निभृत एकान्त में दीपक के मन्द आलोक में
अपनी उन्हीं चरणों को
अपलक निहारती हूँ
बावली-सी उन्हें बार-बार प्यार करती हूँ
जल्दी-जल्दी में अधबनी महावर की रेखाओं को
चारों ओर देख कर धीमे-से
चूम लेती हूँ।

संस्कृत की नागर कविता में नायक और नायिका के बीच की प्रणयकेलियों में एक अभिप्राय संकेत का भी है। संकेत कूटभाषा है, जिसमें प्रेमुगल अन्य लोगों से छिपा कर एक दूसरे को इशारे करते हैं या कुछ जताते बताते हैं। कनुप्रिया का नायिका भी अपने कनु के संकेत समझती है। संकेत देने वाला कनु दिये गये संकेत के मुताबिक मिलने के लिए उसके पास आया या नहीं आया यह नहीं बताया। यह बताने का काम भारती की कविता का नहीं है, क्योंकि वह प्रतीक्षा की कविता है, प्रतीक्षा के अन्त की नहीं। पर संकेत उसमें कितनी-कितनी बार दिये जाते हैं और लिए जाते हैं।

कितनी बार जब तुम ने अँजुरी भर-भर बेले के फूल भेजे
तो मैं समझ गयी कि तुम्हारी अँजुरियों ने
किसे याद किया है
कितनी बार जब तुम ने अगस्त्य के दो
उजले कटावदार फूल भेजे
तो मैं समझ गयी कि
तुम फिर मेरे उजले कटावदार पाँवों में
—तीसरे पहर—टीले के पास वाले
सहकार की घनी छाँव में
बैठ कर महावर लगाना चाहते हो।

भारती में इन संकेतों की परिणति नहीं होती। परम्परा और आधुनिकता अपने अपने अधूरेपन में कसकती रह जाती हैं। अलग-अलग खेमों में चली जाती हैं। कनु महारभारत रचने में व्यस्त हो जाते हैं और उनकी प्रिया इस कसक में कलपती रह जाती है कि वह पूरा समर्पण भी तो न कर सकी–

मैं उस दिन लौटी क्यों–
कण-कण अपने को तुम्हें देकर रीत क्यों नहीं गयी?
मैं उस दिन लौटी क्यों–
कण-कण अपने को तुम्हें देकर रीत क्यों नहीं गयी?

4

अभिप्रायों के अन्तर्निहित आशयों में बदलाव के साथ भारती भाषा के आभिजात्य में भी सेंध लगाते हैं। वे राधा कृष्ण के दिव्य प्रेम में उर्दू शेरो-शायरी की, यहाँ तक कि बम्बइया फ़िल्मों तक की भाषा ले आते हैं। कुछ शब्द वे अपने गढ़ते हैं। इस शब्दावली में लीला-बन्धु भी बढ़िया शब्द बनाया गया, जिसमें लीला और बन्धु दोनों पद बहुत दार्शनिक मनोवैज्ञानिक निहितार्थ रखते हैं। उसके साथ जिस्म और तुर्श जैसे शब्द बार-बार आते हैं, चन्दन-बाँहों का ज़िक्र होता है, राधन्, राधन्, राधन् का जप सुनाई देता है।

अभिप्रायों के रूपान्तर और अलग भाषा की तलाश के साथ भारती बिम्ब-विधान भी अनूठा रचने का जतन करते हैं।

अक्सर जब तुम ने
दावाग्नि में सुलगती डालियों,
टूटते वृक्षों, हहराती हुई लपटों और
घुटते हुए धुएँ के बीच
निरुपाय, असहाय, बावली-सी भटकती हुई
मुझे
साहसपूर्वक अपने दोनों हाथों में
फूल की थाली-सी सहेज कर उठा लिया
और लपटें चीर कर बाहर ले आये
तो मैंने आदर, आभार और प्रगाढ़ स्नेह से
भरे-भरे स्वर में कहा है :

'कान्हा मेरा रक्षक है, मेरा बन्धु है
सहोदर है।'

रक्षक और बन्धु तक ठीक था, जयदेव आदि राधा के मुख से कृष्ण को अपना सहोदर कम-से-कम नहीं कहलवाते। पर आवेग और आवेश के नशे में उरोजों पर चित्ररचना करने वाला प्रेमी सहोदर भी हो जाये, तो क्या होगा? कदाचित् यही कि एक झटके-से-धक्के के साथ यह जादू टूट जायेगा। तब जो बचेगा उसके विखण्डित भग्नावशेष को बहुत ही बेहतरीन बिम्बों के साथ चित्रित किया जा सकेगा–

कल तक जो जादू था, सूरज था, वेग था
तुम्हारे आश्लेष में
आज वह जूड़े से गिरे जुए बेले-सा
टूटा है, म्लान है
दुगुना सुनसान है
बीते हुए उत्सव-सा, उठे हुए मेले-सा–
मेरा यह जिस्म–
टूटे खण्डहरों के उजाड़ अन्तःपुर में
छूटा हुआ एक साबित मणिजटित दर्पण-सा–
...
मन्त्र-पढ़े बाण-से छूट गये तुम तो कनु,
शेष रही मैं केवल,
काँपती प्रत्यंचा-सी
अब भी जो बीत गया,
उसी में बसी हुई
अब भी उन बाँहों के छलावे में
कसी हुई
जिन रूखी अलकों में
मैंने समय की गति बाँधी थी–
हाय उन्हीं काले नागपाशों से
दिन-प्रतिदिन, क्षण-प्रतिक्षण बार-बार
डँसी हुई...

5

गीतगोविन्द और कनुप्रिया दोनों का विषय परकीयारति है। कनुप्रिया में गीतगोविन्द के राधा और कृष्ण के सम्बन्ध की तरह नायक और नायिका का सम्बन्ध अपरिभाषेय और अनिर्वाच्य बना रहता है– *("मैं तो आज तक कुछ नहीं बता पायी/तुम मेरे सचमुच कौन हो कनु!" तथा "एक मधुर भय/एक अनजाना संशय,/एक आग्रह भरा गोपन,/एक निर्व्याख्या वेदना, उदासी,/जो मुझे बार-बार चरम सुख के क्षणों में भी अभिभूत कर लेती है)।*

राधा का विरह गीतगोविन्द में भी है। शारीरिकता और देह की तड़प आत्मा की तड़प से एकाकार हो जाती है। यह तड़प जयदेव में किसी एक व्यक्ति की नहीं, एक सामूहिक चेतना की है। वहाँ कोई एक नहीं, कई जीवन अपने परमात्मा से मिलने को व्याकुल हैं। इस व्याकुलता को कनुप्रिया में एकान्त के आलाप से विस्थापित कर दिया गया है। इस एकान्त में निर्वासित जीवन की परिणति हताशा में ही होगी, गीतगोविन्द की तरह चिरमिलन के उल्लास में नहीं।

और मैं कितनी देर तक बाँह से
उसी आम्र डाली को घेरे चुपचाप रोती रही हूँ
जिस पर टिक कर तुम मेरी प्रतीक्षा करते हो
और मैं लौट रही हूँ,
हताश और निष्फल
और ये आम के बौर के कण-कण
मेरे पाँव में बुरी तरह साल रहे हैं।

भारती की राधा या कनुप्रिया जयदेव की राधा की तरह मनस्विनी मानिनी नहीं है। वह तो हज़ारीप्रसाद द्विवेदी की निउनिया की तरह ढुलक जाने वाली है। हज़ारीप्रसाद द्विवेदी स्वयं व्योमकेश शास्त्री के रूप में अपने स्वयं के कृतित्व की ओर अपनी भी प्रखर समीक्षा करते हुए कहते हैं कि बाणभट्ट में जो खुलापन और बेबाक कह पाने का साहस है, वह उनकी रचना में संकोच में जकड़ गया है। भारती तो इस मामले में द्विवेदी जी से दस अदम आगे ही हैं, क्यों कि उर्दू शायरी का नशा उन पर बहुत है। 'गुनाहों का देवता' में उनके नायक और नायिका इसी शायरी के रस में खोये-खोये रहते हैं। भारती में कनुप्रिया रचते समय उसका खुमार बचा हुआ है, भले ही वे इस बीच सिद्धों और नाथपन्थियों के साहित्य में गोता लगा आये हों और श्रीमद्‌भागवत में भी कुछ

डुबकियाँ लगा आये हों। रुख़ से हिजाब आहिस्ता-आहिस्ता हटाने की तो बात दूर रही, उनकी कनुप्रिया तो अपनी काया का पोर-पोर अवगुण्ठन से आच्छादित कर अपने प्रिय के आगे जाती है, मुँह खुला भी हो तो वह अक्सर उसे अपनी हथेलियों में छिपा लेती है, वह इस क़द्र लजाती है कि वह प्रिय से अँधेरे के घने परदों में मिलती है।

सुनो, मैं अक्सर अपने सारे शरीर को–
पोर-पोर को अवगुण्ठन में ढँककर तुम्हारे सामने गयी
मुझे तुम से कितनी लाज आती थी,
मैंने अक्सर अपनी हथेलियों में
अपना लाज से आरक्त मुँह छिपा लिया है
मुझे तुम से कितनी लाज आती थी
मैं अक्सर तुम से केवल तम के प्रगाढ़ परदे में मिली
जहाँ हाथ-को-हाथ नहीं सूझता था
मुझे तुम से कितनी लाज आती थी...

जयदेव की राधा भी कृष्ण के चरण पर गिरती हैं–प्रतिपदमिदमपि निगदति माधव तव चरणे पतिताऽहम्। पर वे मानिनी भी बहुत हैं। वे विरह में दीन और कृष्ण की भावना में लीन होती जाती हैं–सा विरहे तव दीना, मादवमनसिजविशिखभादिव भावनया त्वयि लीना।

कनुप्रिया उपालम्भ का काव्य है, पालम्भ गीतगोविन्द में भी है, शिकवा-शिकायत बहुत है पर कनुप्रिया में उपालम्भ सामाजिक राजनीतिक अभिप्राय ले लेता है। क्या यह भारती की मजबूरी और कमज़ोरी है? भागवत भाव कहाँ गया, समाजशास्त्र आ जाता है।

जयदेव में परदा नहीं है, संकोच नहीं है। नक़ाब और हिजाब नहीं, तो रुख़ से नकाब हटाने वाली कविता–सरकती जाये है रुख़ से नक़ाब आहिस्ता, आहिस्ता...की गुंज़ाइश भी उसमें न निकलेगी। कनुप्रिया में उसकी गुंज़ाइश ही नहीं, सम्भावनाएँ बनती हैं।

यह सत्य है कि मूल फ़ारसी शायरी के झुई-मुई जैसे मासूम संसार से भारती कनुप्रिया में काफ़ी आगे निकल आये हैं। कनुप्रिया जितना भी अपनी काया का पोर-पोर ढँक कर अपने को छिपाती रहे, पर जब उस काया की रग-रग में प्रिय झंकार कर रहे हैं, तो उनसे वह कैसे छिपेगी?

कबीर की परम्परा का दोहा है—

सब मन तन्त रबाब तन विरह बजावै नित्त।
और न कोई सुन सकै, कै साईं को चित्त।

तन को वीणा बनाकर मन के तार पर विरह का राग भीतर निरन्तर छिड़ा हुआ है, उसे सुनने वाला भी चित्त में बैठा साईं है।

ऐसी स्थिति में भारती की कनुप्रिया में प्रिय के सामना करने की झिझक शेरो-शायरी की दुनिया से आगे जाकर व्यष्टिचैतन्य से अपने आवरणों को हटाकर समष्टि में घुलकर मिटने के भय का रूप ले लेती है। कनुप्रिया का कनु से मिलन आत्मा और परमात्मा के मिलन का रूपक बनने लगता है, एकाकार होने पर, आगे जाकर निरावरण हो जाना, यह आत्मा का परमात्मा से मिलन का रूपक बनने लगता है। आवरणों में अपने को छिपा-छिपाकर रखने वाले जीव को लगता है कि आवरण हठात् टूट रहे हैं।

पर हाय मुझे क्या मालूम था
कि इस वेला जब अपने को
अपने से छिपाने के लिए मेरे पास
कोई आवरण नहीं रहा
तुम मेरे जिस्म के एक-एक तार से
झंकार उठोगे
सुनो! सच बतलाना मेरे स्वर्णिम संगीत
इस क्षण की प्रतीक्षा में तुम
कब से मुझ में छिपे सो रहे थे?

शरीर माध्यम बन जाता है, पलकें बाँहें पगडण्डी हो जाती हैं। देह चेतना के मिलन लिए माध्यम। कनु के कथन कनुप्रिया याद करती हैं—

राधन्! तुम्हारी शोख चंचल विचुम्बित पलकें तो
पगडण्डियाँ मात्र हैं—
जो मुझे तुम तक पहुँचा कर रीत जाती हैं।

तुम ने कितनी बार कहा है—

राधन्! ये पतले मृणाल-सी तुम्हारी गोरी अनावृत्त बाँहें
पगडण्डियाँ मात्र हैं,

जो मुझे तुम तक पहुँचा कर रीत जाती हैं।

...

मुझे ऐसा लगा है
जैसे किसी ने सहसा इस जिस्म के बोझ से
मुझे मुक्त कर दिया है
और इस समय मैं शरीर नहीं हूँ...
मैं मात्र एक सुगन्ध हूँ—
आधी रात में महकने वाले इन रजनीगन्धा के फूलों की
प्रगाढ़, मधुर गन्ध—
आकारहीन, वर्णहीन, रूपहीन...
उन्माद, रोमांच
मेरे हर बावलेपन पर
कभी खिन्न हो कर, कभी अनबोला ठानकर, कभी हँस कर
तुम जो प्यार से अपनी बाँहों में कस कर
बेसुध कर देते हो
उस सुख को मैं छोडूँ क्यों?
करूँगी!
बार-बार नादानी करूँगी
तुम्हारी मुँहलगी, जिद्दी, नादान मित्र भी तो हूँ न!

फिर कमी कहाँ रह जाती है? क्या सम्पूर्णता तक पहुँच-पहुँचकर कनुप्रिया लौट आती है?

मैं उस दिन लौटी क्यों—
कण-कण अपने को तुम्हें देकर रीत क्यों नहीं गयी?

सांख्यदर्शन के एक आद्य आचार्य ईश्वरकृष्ण कहते हैं कि प्रकृति पुरुष के भोग और अपवर्ग के लिए सृष्टि की सारी लीला रचती है। पुरुष जैसे ही उसे एक बार देख भर ले, वह फिर परदों के भीतर में इस तरह छिप जाती है कि दोबारा पुरुष के सामने नहीं आती। पुरुष तो वीतराग निर्लिप्त निर्विकार है ही। वह भी प्रकृति से मुक्त हो जाता है। तीसरे पहर की अलसाई वेला में घाट से लौटते हुए नायिका अपने पुरुष को अक्सर क़दम्ब के नीचे ध्यान मग्न खड़ा देखती है, वह ऐसा अनजाना लगता है कि वह उसे वनदेवता समझ कर प्रणाम

कर लेती है। पुरुष अडिग, निर्लिप्त, वीतराग, निश्चल खड़ा रहता है। प्रणाम को स्वीकार तक नहीं करता।

कनुप्रिया में बीच-बीच में ससीम के असीम होने का बोध बनता है और फिर मिट भी जाता है—

पर जब मुझे चेत हुआ
तो मैंने पाया कि हाय सीमा कैसी
मैं तो वह हूँ जिसे दिग्वधू कहते हैं, कालवधू—
समय और दिशाओं की सीमाहीन पगडण्डियों पर
अनन्त काल से, अनन्त दिशाओं में
तुम्हारे साथ-साथ चलती आ रही हूँ, चलती
...चली जाऊँगी।

कनुप्रिया में दो भाव हैं एक उन्माद रोमांच अनिर्वाच्य प्रेम की विह्वलता, दूसरे में नैराश्य के तमस इतिहास का सामना करने की विफलता। फाँक किस में है राधा के भाव में या श्रीकृष्ण के चरित्र में? क्या श्रीकृष्ण के चरित्र में फाँक है? वासुदेव कृष्ण उपनिषदों में वर्णित हैं। वे अंगिरा ऋषि से छालिक्य विद्या सीखते हैं। पुराणों में वे सान्दीपनि से शास्त्र पढ़ते हैं। हरिवंशपुराण और श्रीमद्भागवत में पहुँच कर वे रासलीला करने लगते हैं। ये अलग-अलग ध्रुव एक कैसे हो सकते हैं? क्या गीता के ज्ञान और भागवत के राधाभाव में द्वन्द्व है?

कर्म, स्वधर्म, निर्णय, दायित्व...
मैंने भी गली-गली सुने हैं ये शब्द
अर्जुन ने चाहे इनमें कुछ भी पाया हो
मैं इन्हें सुनकर कुछ भी नहीं पाती प्रिय,
सिर्फ़ राह में ठिठक कर
तुम्हारे उन अधरों की कल्पना करती हूँ
जिनसे तुमने ये शब्द पहली बार कहे होंगे

7

इतिहास भारती के बस का नहीं है, वे राधा के पास ही लौटते हैं। वैसे भी भाव के आवेग में इतिहास टूट जाये, तो उलट-फेर हो जाये, तो कहाँ परवाह? अब इस सरूर में महाभारत में लड़ने वाली अठारह अक्षौहिणी सेनाएँ कृष्ण की ही

हो जायें, वे सब द्वारका से ही चलें और वृन्दावन के गाँव से गुज़रती निकल जायें तो इतिहास क्या करे, अपना सिर धुनता रह जाये? राधा अलबत्ता गर्व में फूली-फूली रह सकती है–

गर्व कर बावरी!
कौन है जिसके महान् प्रिय की
अठारह अक्षौहिणी सेनाएँ हों?

भारती की समस्या पीछे छूट गये बचपन और को गयी बचपन की मासूमियत को वापस पाने की थी, कनुप्रिया में वह यौवन के रीत गये उल्लास को वापस समेटने की है।

कनुप्रिया के कनु जो कभी छैल छबीले थे, रसिया थे, वे सांख्य के पुरुष की तरह केवली होते जाते हैं। भारती की दृष्टि में कनु ही पहले थे, वे कान्ह होते गये, फिर कृष्ण बनते गये। भाषाशास्त्र और प्राचीन साहित्य के विद्वान् कहते हैं कि कृष्ण से ध्वनिविपर्यय होकर कण्ह हुआ। णकार और षकार की अदली-बदली हो गयी, फिर षकार का हकार हो गया। तो कृष्ण कण्ह हुए, फिर कन्ह और कान्हा हुए। भारती जी ने अपने हिसाब से और छँटाई की तो बना लिया कनु। पर भारती में कनु ही मूल हैं, कृष्ण नका विकार हैं।

अब कनुप्रिया चाहती है कि उसका कनु वापस उसे मिल जाये। यह तो इतिहास को उलट देने की प्रक्रिया है

'गुनाहों के देवता' में भी यही समस्या है। वहाँ भी नायक और नायिका किशोरावस्था की मासूमियत में एक दूसरे के रंग में रँगे एक दूसरे में पगे-पगे फिर कुछ के कुछ होते होते एक दूसरे से अजनबियाते जाते हैं। अन्त भारती एक झटके से वहाँ दोनों को थोड़ी देर से पहले वाली मासूमियत और अन्तरंग अपनेपन के कुछ क्षण लौटा कर सन्तुष्ट होते हैं कि निपटारा हुआ। कनुप्रिया में ऐसा करना आसान नहीं है। इतिहास की पूरी धारा बदल देना 'गुनाहों के देवता' जैसा मामूली काम नहीं। यहाँ नायिका पेड़ के नीचे खड़ी रहती है कि कनु लौट आयेगा। भारती इतिहास के लिए शिकायत के साथ समाप्ति की ओर बढ़ते हैं–

जिसको जाना था वह चला गया–
हाय मुझी पर पग रख
मेरी बाँहों से
इतिहास तुम्हें ले गया!

नयी अर्थ-संरचना

परिचय दास

जब आपकी 'कनुप्रिया' कविता की सघन दृश्यात्मकता से परिचिति होती है तो आपको यह स्वभावतः पहचानना होता है कि यह आधुनिकता के सन्निवेश में सहज गूढ़ता से सम्पन्न है तथा एक विशेष सौन्दर्य से उपजी है। इस सौन्दर्यबोध में क्या शामिल है? कविता-प्रस्तुति के उन गुणों पर विचार करें, जिन पर कवि धर्मवीर भारती ने विशेष ध्यान दिया है। मैं यहाँ तीन आयामों को ध्यानाकर्षित करूँगा : डिक्शन, अभिव्यक्ति और रूप। शब्द-चयन की उच्चता, अभिव्यक्ति से लेकर सादी आलंकारिकता का संस्पर्श तथा शैली के मर्म में अपेक्षाकृत असंरचित (अनगढ़) से लेकर संरचित (फिनिश्ड) तक का रचाव है।

डिक्शन (शब्द-चयन) के बारे में यदि बात करें तो यह एक आवर्तन में काम करती है। ध्यान दें तो लगभग सभी कवि शिक्षित वक्ताओं की मानक भाषा लिखते रहे हैं। कनुप्रिया में यह बोध देश और पश्चिमी रचनाओं के साथ स्पष्ट रूप से विरोधाभासी है जो एक अर्द्ध-साक्षर ग्रामीण बोली या कुछ विशिष्ट प्रकार का अनुरणन है। भाषा के इस मानक रूप की सीमा के भीतर भिन्नता सम्भव होती है और अक्सर साक्ष्य भी देती है। कनुप्रिया की भाषा कम या ज़्यादा औपचारिक हुई है (औपचारिक शैली आकस्मिक काव्य—प्रयोगों की अनुमति देती है और दुहराव से बचती है), यह लम्बे या छोटे वाक्यों, अकादमिक सटीकता या गद्यात्मकता का उपयोग से सम्पन्न है। राधा की कथा—मार्मिकता में प्रगीतात्मकता एवं गद्यात्मकता का संघनन!

कनुप्रिया में अनेक पंक्तियाँ जीवन के अँधेरे के प्रतिकार का कारण बनती हैं। यहाँ शैली वैज्ञानिकता के साथ वाक्य-रचना का विचलन है, शब्दों का नव आविष्कार है, वाक्यों की भिन्न संरचना है तथा अन्य विधियों से भाषायी लयकारी की अभिव्यंजनात्मकता है।

कनुप्रिया की रचनात्मकता में पुराने शब्दों की विरल प्राचीनता और ओनोमेटोपोइया (अर्थानुरणन) है। देखें तो ऐसा आविष्करण कवि द्वारा असाधारण है। पद्य-रेखा को नियन्त्रित करने वाले सिद्धान्त के रूप में अर्थ–लय की प्रपत्ति ने कवि को उन प्रभावों की सीमा को फिर से खोजने का यत्न किया है, जहाँ वाक्यांशों को पंक्ति के अन्त तक फैलाया जाता है। भारती जी ने लय को नयी अर्थवत्ता के साथ समानान्तर प्रभावपूर्ण ढंग से मुक्त छन्द में भी सम्भव किया है। अर्थ की सम्भाव्यता को पंक्ति की शुरुआत में वाक्यांश द्वारा बदल दिया गया है।

शब्द, शब्द, शब्द...
कर्म, स्वधर्म, निर्णय, दायित्व...
मैंने भी गली-गली सुने हैं ये शब्द
अर्जुन ने चाहे इनमें कुछ भी पाया हो
मैं इन्हें सुनकर कुछ भी नहीं पाती प्रिय,
सिर्फ़ राह में ठिठक कर
तुम्हारे उन अधरों की कल्पना करती हूँ
जिनसे तुमने ये शब्द पहली बार कहे होंगे

कनुप्रिया में अर्थ-लय और मुक्त छन्द में सादे आलंकारिक ट्रॉप्स से अलंकृत भाषा लिखने के लिए, एक ऐसी भाषा की आविष्कृति जो अपनी ही सरलता और शब्दों की विवेकपूर्ण पसन्द में भावनात्मक शक्ति रखती है। इस तरह की शैली को अक्सर एक बेहतर शब्द का उपयोग करते हुए, सहज शैली कह सकते हैं।

आत्म-वंचना की परिधि में, इसके भीतर, सच्ची ख़ुशी की सम्भावना की खोज, ताकि ज्ञात हो कि ऐसी ख़ुशी की भित्ति क्या है या इसकी अपनी वास्तविकता क्या है। एक मनोवैज्ञानिक उधेड़-बुन से भरी कविता का सहज आलोक।

अन्तरंगता को बनाये रखने की निकट-सम्भवता की कला 'कनुप्रिया' में है। महज आलंकारिक शैलियों को व्यक्त करना कविता की गुणवत्ता को व्यक्त करना नहीं है। कनुप्रिया में हमारे समय में कवि के लिए जीवन और स्त्री मन के खुले विकल्पों को अभिव्यक्त करने के लिए पाठकों के सामने राधा की अन्तरंगता की चुनौतियों का वर्णन किया गया है। कनुप्रिया में शिल्प वह जगह है, जहाँ काव्य-मर्म का पता लगता है। परम्परागत रूप से 'रूप' को कविता की एक परिभाषित विशेषता माना जाता रहा है, जिसमें कविता का अर्थ : छान्दिक पंक्तियों में

रचनाएँ होती रही हैं। हालाँकि, बीसवीं शताब्दी में एक मानदण्ड के रूप में सघन छान्दिकता के बदले इस परिभाषा को बदलने के लिए एक ठोस प्रयास किया गया। वास्तव में में पहले पारम्परिक छान्दिक कविता को एक तरह का काव्य-रचना माना जाता था। अब वह लेखन का 'एक' रूप माना जाता है क्योंकि कविता के अनेक रूपाकार उभर आये हैं। कनुप्रिया के माध्यम से हिन्दी कविता में शिल्प की कुछ विशिष्ट निपुणता बीसवीं शताब्दी में आयी अर्थात विकसित हुई। इसने परम्परा के विपरीत दबावों के ख़िलाफ़ काव्य–नवोन्मेष को आविष्कृत किया। उदाहरण के रूप में कनुप्रिया इस तरह आती है जो लेखन की 'चालू सीमाओं' के बाहर लेखन के भिन्न मुहावरे के रूप में अभिव्यंजित होने में समर्थ हुई है।

कनुप्रिया में छोटी-बाहरी रेखाएँ एक दूसरे के साथ झंकार करती हैं जैसे कि लम्बी आन्तरिक रेखाएँ। इस प्रकार कनुप्रिया का प्रत्येक भाग एक छोटी रेखा और एक लम्बी रेखा को अनुरणन के रूप में प्रस्तुत करता है। कनुप्रिया एक लम्बी और एक छोटी रेखा द्वारा प्रतिबिम्बित है तथा यह संरचना वर्णित भौतिक दृश्य का अनुकरण करती है, जहाँ बादल से बहते आकाश और धरती के पेड़ पानी में प्रतिबिम्बित होते हैं, ताकि नीचे कोई पानी में देख सके कि ऊपर क्या है।

एक कविता के रूप, उसकी सामग्री और औपचारिक तत्त्वों के बीच इस तरह की जटिल अन्तःक्रिया कविता में होते हैं। वे काव्य–उत्कृष्टता के लिए आवश्यक हैं। यहाँ कवि ने जटिल प्राकृतिक विवरणों का सहज वर्णन किया है। कहा जाना चाहिए कि पद्य-रचना के सिद्धान्त के रूप में लय की अवहेलना ने कई पाठकों को यह स्वीकार करने की अभिव्यक्ति दी है कि उन्होंने वैसे भी छन्दीय कविता के लिए विशेष रूप से प्रयास नहीं किया था और कभी भी इसमें महारत हासिल नहीं की थी : कवि के रूप में चमकने का मौक़ा नहीं उठाया। यहाँ मुक्त छन्द के बीच तीव्र संवेदनशीलता के आधार पर मानक और प्राथमिकताएँ उभरी हैं, केवल व्यापक सहमति प्राप्त करने के लिए ही नहीं। इस प्रक्रिया में पाठकों और रचनाकारों ने साबित कर दिया कि बिना मीटर (और बिना तुकबन्द) रचनाओं का उपयोग करके अभिव्यंजक साहित्य बनाया जा सकता है। इसमें प्रभावी रूप से एक कविता की परिभाषा का विस्तार किया गया।

यहाँ कविता को एक गहन लिखित रचना के रूप में परिभाषित किया गया, जो पंक्तियों में टूट जाती है, जिसकी लम्बाई शब्दांश से निर्धारित हो सकती है और नहीं भी। मौखिक प्रतिरूपण को काव्य-भंगिमा के माध्यम से जोड़ा गया।

सुनो मेरे प्यार!
तुम्हें मेरी ज़रूरत थी न,
लो मैं सब छोड़कर आ गयी हूँ
ताकि कोई यह न कहे
कि तुम्हारी अन्तरंग केलि-सखी
केवल तुम्हारे साँवरे तन के नशीले संगीत की
लय बन तक रह गयी...।

मैं आ गयी हूँ प्रिय!
मेरी वेणी में अग्निपुष्प गूँथने वाली
तुम्हारी उँगलियाँ
अब इतिहास में अर्थ क्यों नहीं गूँथती?

तुमने मुझे पुकारा था न!

मैं पगडण्डी के कठिनतम मोड़ पर
तुम्हारी प्रतीक्षा में
अडिग खड़ी हूँ, कनु मेरे!

कनुप्रिया कविता को इस तरह देख सकते हैं कि इस बात की स्वीकृति है कि कविता एक सामाजिक रचना भी है। यह इस धारणा से पीछे हटने का प्रतीक है कि कहीं-न-कहीं अभिव्यक्ति के दायरे में कविता-प्रकार को सीमित किया गया है। यहाँ काव्य-दृष्टि में ऐसा कुछ भी नहीं है जो एक प्रकार को दूसरे के ऊपर प्रतिष्ठित करता हो। इसमें अक्सर अधिक सम्मोहक, यहाँ तक कि संवेदन का भावनात्मक गुण होता है। दूसरी ओर मुक्त छन्द, अक्सर सामान्य संवाद की स्वाभाविकता का अधिक बारीकी से अनुमान लगाता है और इस प्रकार सान्द्रता में अधिक स्वीकार्य लगता है। औपचारिक गुणों के बारे में बहस अक्सर श्रोताओं और पाठकों के सम्बन्ध में कविता की आकृति के बारे में बतकही होती है और उन बहसों के पीछे के दृष्टिकोण लगातार बदल रहे होते हैं। यही कनुप्रिया में लक्षित है।

स्वधर्म!... आख़िर मेरे लिए स्वधर्म क्या है?
और लहरें थपकी देकर तुम्हें सुलाती हैं
सो जाओ योगिराज... सो जाओ... निद्रा समाधि है!"
नींद में तुम्हारे होठ धीरे-धीरे हिलते हैं
"न्याय-अन्याय, सद्-असद्, विवेक-अविवेक—

कसौटी क्या है? आख़िर कसौटी क्या है?"
और लहरें थपकी देकर तुम्हें सुला देती हैं
"सो जाओ योगेश्वर... जागरण स्वप्न है, छलना है, मिथ्या है!"

कनुप्रिया की शैली से मेरा तात्पर्य यह है कि कुछ कवियों के बीच प्रचलित कलात्मक वरीयताएँ हैं न कि कुछ रणनीतिक रूप से काव्य समीक्षाओं के बीच के उभरे मर्म। नतीजतन, कुछ प्रकार की कविताएँ हैं जिन्हें समकालीन लेखन में एक निश्चित तनाव के लिए विशिष्ट माना जा सकता है, उनमें कनुप्रिया है।

शब्द, शब्द, शब्द...
कर्म, स्वधर्म, निर्णय, दायित्व...
मैंने भी गली-गली सुने हैं ये शब्द
अर्जुन ने चाहे इनमें कुछ भी पाया हो
मैं इन्हें सुनकर कुछ भी नहीं पाती प्रिय,
सिर्फ़ राह में ठिठक कर
तुम्हारे उन अधरों की कल्पना करती हूँ
जिनसे तुमने ये शब्द पहली बार कहे होंगे

अगर कविता को देखना है तो कुछ विशिष्ट विशेषताओं को इंगित करना चाहिए। वास्तव में कोई स्पष्ट विभाजन रेखा नहीं है, इसलिए हम पा सकते हैं कि कुछ भिन्न प्रकार की कविताएँ विभिन्न शिल्प दृष्टि व सर्जनात्मकता के साथ लिखी जाती हैं। उन अवलोकनों को ज़मीनी नियमों के साथ, यदि देखें तो विशिष्ट कविताओं में एक यह कविता है–

आदिम भय, तर्कहीन, कारणहीन भय जो
मुझे तुमसे दूर ले गया था, बहुत दूर-
क्या इसी लिए कि मुझे
दुगुने आवेग से तुम्हारे पास लौटा लावे
और क्या यह भय की ही काँपती उँगलियाँ हैं
जो मेरे एक-एक बन्धन को शिथिल
करती जा रही हैं
और मैं कुछ कह नहीं पाती!

यह कविता समकालीन मुक्त छन्द में लिखी गयी है। कविता के विविध तन्तु : जैसे सभी एक रिश्ते के प्रतीक हों। कोमलता व तार्किकता हमें इस कविता

को एक रूपक या प्रतीकात्मक लेंस के माध्यम से देखने की कोशिश करने के लिए प्रतिबद्ध और दृढ़ है।

इसके अवशेष, मँडराते और तितर-बितर हो जाते हैं। हम अपने स्वयं के प्रश्न की कल्पना करने के लिए स्वतन्त्र हैं—खोई हुई और पस्त हुई मासूमियत की हमारी अपनी खोज—और जब उत्तर हमें नहीं मिलता तो हमें निराशा होती है। कविता, वास्तव में, सुसंगतता की भावना होती है।

इस कविता में सपना प्रेम-सम्मोहन के इर्द-गिर्द घूमता है। कवि एक फूल चुनता है जिसे वह पहचान नहीं सकता है और जिसमें तरलता सन्निहित है। वह उन अन्य रहस्यों की ओर इशारा करता है—जो सीमेंट की तरह सम्बद्ध हैं।

यहाँ फिर से कविता के तत्त्व तर्कसंगत व्याख्या तथा प्रतीकात्मक या रूपकात्मक दृष्टिकोण का सुझाव देते हैं। यह भी कहा जाना चाहिए, एक शुभ आभा कविता में व्याप्त है।

गाँव की सीमा पर
छितवन की छाँह में खड़े होकर
ममता से मैंने अपने वक्ष में
उस छौने का ठण्डा माथा दुबका कर
अपने आँचल से उसके घने घुँघराले बाल पोंछ दिये
तो मेरे उस सहज उद्‌गार पर
सखियाँ क्यों कुटिलता से मुसकाने लगीं
यह मैं आज तक नहीं समझ पायी!

कविता के काल्पनिक रंगों में समाहित है : पाठक की समझ की परिधि। यह रूपकात्मकता एवं प्रतीकात्मक व्याख्या को आमन्त्रित करती है :

सरलता के साथ, एक सहज साधारणता को संवर्धित करते हुए। इसकी अनिर्णायक रूप से समाप्ति होती है। एक पहचान के साथ।

जन्मों से पुष्पहीन खड़े थे तुम को क्या मालूम कि
मैं कितनी बार केवल तुम्हारे लिए-धूल में मिली हूँ
धरती में गहरे उतर जड़ों के सहारे
तुम्हारे कठोर तने के रेशों में कलियाँ बन,
कोंपल बन, सौरभ बन, लाली बन—

चुपके से सो गयी हूँ
कि कब मधुमास आये और तुम कब मेरे
प्रस्फुटन से छा जाओ!

वास्तव में आप देख सकते हैं कि कविता का विकास बढ़ती हुई जटिलता के क्रम में प्रस्तुत किया गया है—शायद बढ़ती हुई अनिश्चितता। मैंने जिन व्यापक संरचनात्मक और वैचारिक विशेषताओं को लक्षित किया है, उनमें विशिष्टता का आविष्कार और कल्पना की काफ़ी गुंज़ाइश है। परिणामस्वरूप, हमें आने वाले वर्षों में ऐसी कई कविताओं के प्रसार को देखने की सम्भावना है। यह व्याख्या करने की क्षमता से भिन्न कारणों में जाने के लिए एक लोकप्रिय शैली है।

लेकिन यह शैली जितनी व्यापक और सुगर्भा है, यह बहुत कुछ छोड़ देती है। यह रूपक के पर्दे के वास्तविक दृश्य या स्थिति का वर्णन करती है। यह ऐसी कविता है जो 'मनुष्य अपनी मिट्टी की बुद्धि की उपज है' या 'विचार चीज़ों में तब्दील नहीं हो सकता' या 'आत्मा का मूल्य मनुष्यता की सुगन्ध की संहिता है' की तर्ज पर अमूर्तता देती है। इसमें दृष्टि की वह समझ है जो अपने तार्किक निष्कर्ष पर विचार की एक स्पष्ट रेखा का पालन करती हैं। यह उन कविताओं को हतोत्साहित करती है जो हमारी सामान्य वास्तविकता पर एक मजाकिया या सरल दृष्टिकोण पेश करती हैं (यह मानते हुए कि हम सहमत हो सकते हैं कि ऐसी कोई बात है) और इसकी प्रकृति से यह हमेशा व्याख्यात्मक अनिश्चितता का एक बड़ा मार्जिन ले जाती है। हम कल्पना कर सकते हैं कि यह कवि को उस आधार से जोड़ देती है, जो वह नयी सम्भावनाओं की सर्जना करने में सक्षम होता है। किसी समस्या या स्थिति का पर्याप्त रूप से सामना करने में समाधान में विफलता के लिए कवि को आम तौर पर ज़िम्मेदार नहीं ठहराया जा सकता। कवि एक सिचुएशन को मार्मिकता प्रदान करता है; नयी दृष्टि का वास्तविक आविष्कार का भार पाठक पर होता है।

इस कविता में भावनात्मक गहनता और विविध भंगिमाओं की प्रस्तुति की बारीकियाँ लक्षित होती हैं।

निश्चित रूप से यहाँ अतियथार्थ केवल कविता की विषयवस्तु तक ही सीमित नहीं है। कविता किसी फ़िल्म की रूपाकृति बन जाती है। फ़िल्म और फिक्शन अवास्तविक सेटिंग्स और वातावरण में प्रचुर मात्रा में हैं, परिचारक अस्पष्टता की तत्परता के साथ।

आदिम भय, तर्कहीन, कारणहीन भय जो
मुझे तुमसे दूर ले गया था, बहुत दूर—
क्या इसीलिए कि मुझे
दुगुने आवेग से तुम्हारे पास लौटा लावे
और क्या यह भय की ही काँपती उँगलियाँ हैं
जो मेरे एक-एक बन्धन को शिथिल
करती जा रही हैं
और मैं कुछ कह नहीं पाती!

कविता की संस्कृति, अगर मैं जोड़ सकता हूँ तो पत्थर में गहराई से स्थापित है, ऐसा लगता है कि इन आम कविताओं को सृजित करते हुए और विशिष्ट मानसिकता एवं राजनीतिक शुद्धता से निकटता से सम्बन्धित है।

मैं कविता पर इस तरह की टिप्पणियों को सामने लाना चाहता तथा अनुप्रयुक्त करता था। यह वर्तमान समय की अधिकांश कलाकृति के समान है, जिस तरह से लोगों को पता नहीं है कि ऊपर या नीचे क्या है या यहाँ कला को एक अलग ढंग से व्याख्यायित किया गया हो।

अनिश्चितता एवं अस्पष्ट बारीकियों से भरी कला बहुत लोकप्रिय है—समय का अनुमान लगाने के लिए। क्या यह सम्भव है कि कोई काम जितना अधिक अस्पष्ट हो, वहाँ क्लीशे और असफलता से 'पकड़े जाने' की सम्भावना कम हो?

इसे एक सरल, आश्चर्यजनक अवलोकन में घटाया जा सकता है। इस कविता में एक अनन्य सौन्दर्य है, जहाँ ज़ाहिर तौर पर सुरुचि के लिए विश्वास करने में सहजता हो सकती है कि यह किसी भी अन्य कविता की तुलना में अधिक विशिष्ट है। यह निर्विवाद रूप से उस दृश्य का एक बड़ा हिस्सा है जो समकालीन कविता में स्वभावतः अभिव्यक्त है।

यह सच है कि कनुप्रिया कविता आविष्कार के मामले में पाठकीयता की अधिक माँग करती है। कोई व्यक्ति सत्य के लिए एक भिन्न स्वर को ग्रहण कर सकता है। यह विशिष्ट अभिव्यक्ति के लिए सम्भव है। किन्तु इसकी जो एक सचाई हमेशा रहेगी, वह है—समकालीन टफनेस के साथ भावात्मक शक्ति। 'कनुप्रिया' कविता को बेहतर ढंग से समझने का अर्थ है—सघन सान्द्रिकता, सौन्दर्यपरकता, तीव्र आलोचनात्मक सन्दृष्टि।

कनुप्रिया
विचार-बोध और काव्य-बोध का अन्तर्द्वन्द्व

कमलानन्द झा

धर्मवीर भारती हिन्दी के सफलतम नाटककार, उत्तम कहानीकार, लोकप्रिय उपन्यासकर, अस्पष्ट और आग्रही आलोचक, सत्ता-पसन्द पत्रकार और मूलतः प्रेम-शृंगार भाव के कवि हैं। इस प्रेम और शृंगार भाव का शिखर 'कनुप्रिया' है। यह भाव 'कनुप्रिया' में जितना खिलकर और खुलकर विन्यास पाता है, कदाचित अन्यत्र नहीं। वैसे उनके पहले काव्य संग्रह 'ठण्डा लोहा' से लेकर 'सात गीत वर्ष' और 'कनुप्रिया' तक में प्रेम के विविध और विलक्षण रूपों से साक्षात्कार सुखद है। आलोचकों ने इनके प्रेम कविताओं में कैशोर्य भाव को प्रमुख माना है। उनका पहला उपन्यास 'गुनाहों का देवता' भावुक किशोर प्रेम की उत्कट अभिव्यक्ति है। यह उपन्यास किशोरों और युवाओं में जितना लोकप्रिय हुआ शायद हिन्दी का दूसरा उपन्यास नहीं। सौ से अधिक संस्करण इसके प्रमाण हैं। भारती निरन्तर प्रेमाभिव्यक्ति में विविधता लाते रहे, किन्तु कविता में भी 'गुनाहों का देवता' समूलतः उनका पीछा कभी छोड़ नहीं पाता है। कनुप्रिया में भी प्रेम का यह रूप हुलकी मार ही जाता है। वैसे किशोर प्रेम उतना निन्दनीय नहीं है जितना वरिष्ठ आलोचकों ने उसे बना दिया है। 'लरिकाई का प्रेम' किशोर, युवा-युवती को स्वाधीनता का पहला अहसास कराता है। पहली बार वह किसी 'अन्य' को (परिवार, कुटुम्ब और दोस्त के अलावा) स्वयं से अधिक महत्त्व देता है और यह 'अन्य' उसका व्यक्तिगत चुनाव है। पहला व्यक्तिगत निर्णय। पुरुषोत्तम अग्रवाल के शब्दों में कहें तो 'केशौर्य प्रेम से जुड़ी स्मृतियाँ, ऑब्सेशन, उन्माद अच्छे और बुरे दोनों अर्थों में केवल परम्परा और संस्कार की ट्रेनिंग का नतीजा नहीं है। वह कहीं-न-कहीं किसी ऐतिहासिक समय में स्थित मनुष्य का एक मूलभूत और निर्णायक जीवन अनुभव है।"[1]

इस 'मूलभूत और निर्णायक जीवन अनुभव' का काव्यान्तरण कोई गुनाह नहीं। क्योंकि हिन्दी साहित्य में इस तरह की कविताओं की आलोचना में गुनाह भाव ही प्रधान रहा है। दूसरी तरफ़ कैशोर्य प्रेम की सबसे बड़ी सीमा होती है—दूसरे को अपने में विलीन कर देने की उत्कण्ठा अर्थात 'एकत्व' की माँग। यद्यपि इस 'एकत्व' की माँग वयस्क और प्रौढ़ क्या प्रेम की ही एक विशेषता या लक्षण है। लेकिन किशोर वय के प्रेम में यह भाव अधिक उदग्र रूप में रहता है। 'एसीड प्रकरण' इसी उदग्र भाव की विकृति है। भक्तिकालीन प्रेमभाव में 'भक्ति' के आवरण में यह 'एकत्त्व' असुविधाजनक प्रतीत नहीं होता। लेकिन आधुनिक युग में इस तरह के 'आत्मार्पण' का औचित्य समझना कठिन है। भारती जी के समकालीन कवि राजकमल चौधरी, जो प्रेम-कविता के लिए विशेष रूप से जाने जाते हैं। इस तरह की प्रेमाभिव्यक्ति की तीखी आलोचना करते हैं। रामकिशोर द्वि वेदी को दिये अपने एक साक्षात्कार में विशुद्ध 'राजकमलीय' अन्दाज में कहते हैं, "मेरे भाइयो और बहनो, मुझे सिर्फ़ मीराबाई से छुटकारा दिलाओ। प्रेम कविताओं के मीराबाईपन से जो सच्चिदानन्द वात्स्यायन 'अज्ञेय' की कविताओं से लेकर गोपालदास नीरज तक व्याप्त है, मैं मुक्त होना चाहता हूँ और यह कोई नैतिक प्रश्न नहीं है, बल्कि केवल मूल्यों का प्रश्न है- कविता के मूल्यों का, जिसमें प्रेम एक मूल्य के रूप में नहीं, एक शारीरिक और सामाजिक परिस्थिति के रूप में शामिल है।"[2] कनुप्रिया में अनेक स्थलों पर राधा का 'आत्मार्पण' कृष्ण के विराट व्यक्तित्व में अपने को विलोपित कर देने की आकांक्षा से इनकार नहीं किया जा सकता है। अपनी कविताओं में किशोर रूप के प्रेम सौन्दर्य के प्रति आसक्ति और प्रेमजन्य नैराश्य भाव को स्वीकार करते हुए 'ठण्डा लोहा' की भूमिका में धर्मवीर भारती लिखते हैं, "किशोरावस्था के प्रणय, रूपाशक्ति और आकुल निराशा से अपने मन के अहं का सम्बन्ध अपने से बाहर की व्यापक सचाई हृदयंगम करते हुए संकीर्णताओं और कट्टरता से ऊपर एक जनवादी भावभूमि की खोज मेरी इस छन्द-यात्रा के यही प्रमुख मोड़ रहे हैं।"[3] अब उनकी कविताओं में जनवादी भावभूमि कितनी है, यह तो अनुसन्धान का विषय है किन्तु प्रणय, रूपाशक्ति और आकुल निराशा की छाया तो कनुप्रिया में भी पर्याप्त मात्रा में देखने को मिल जाती है।

धर्मवीर भारती का द्वन्द्व और अन्तर्विरोध मात्र उनके विचारों में ही मिलता हो, ऐसा नहीं है। कविता में भी उनके दुचित्तेपन को हम तलाश सकते हैं।

'कनुप्रिया' की राधा कभी अत्यन्त चेतस और पितृसत्ता से सवाल करती नज़र आती है तो कभी अपने को कनु में विलुप्त कर देने की ख़्वाहिश से लैस भी। कहा जा सकता है कि यही प्रेम की अद्वितीयता है। 'स्वत्व' की रक्षा भी और आत्मार्पण की ख़्वाहिश भी। ''एकहि संग न होहि भुआलू, हँसब ठठाय फुलायब गालू।'' कनुप्रिया के साथ उनके वैचारिक निबन्ध को मिलाकर पढ़ने से उनके इस प्रचण्ड फ़र्क़ और द्वन्द्व को समझ सकते हैं। धर्मवीर भारती ईश्वर की अनुपस्थिति और मानवीय गरिमा की प्रतिष्ठा को आधुनिकता का प्रधान लक्षण मानते हैं। वे अपनी पुस्तक 'मानव मूल्य और साहित्य' में लिखते हैं कि ''मानववाद के उदयकाल में ईश्वर जैसी किसी मानवोपरिसत्ता या उसके प्रतिनिधि धर्माचार्यों को नैतिक मूल्यों का अधिनायक न मानकर मनुष्य को ही इन मूल्यों का विधायक मानने की प्रवृत्ति विकसित होने लगी थी...। मानवीय गौरव के अर्थ यह है कि मनुष्य को स्वतन्त्र, सचेत, दायित्वयुक्त माना जाये जो अपनी नियति, अपने इतिहास का निर्माता हो सकता है।''[4] लेकिन 'कनुप्रिया' में कृष्ण का 'देवत्व' स्पष्ट है। प्रेम कविता के लिए कृष्ण का चुनाव ही देवत्व के स्वीकार की घोषणा है। वैसे भारतीय माइथोलॉजी में कृष्ण प्रेम के प्रतीक रूप में भी समादृत हैं, इसलिए प्रेमकाव्य के लिए कृष्ण के चुनाव को अनुचित नहीं कहा जा सकता। किन्तु इस प्रेम प्रतीक राधा और कृष्ण पर 'देवत्व' का आरोपण 'कनुप्रिया' को आधुनिक चित्त से दूर ले जाता है। मध्यकालीन कवि विद्यापति और सूरदास के प्रेमकाव्य में भी राधा-कृष्ण का देवत्व रूप लगभग ओझल ही रहता है। लेकिन कनुप्रिया में ऐसा नहीं है—

यदि सारे सृजन, विनाश, प्रवाह
और अविराम जीवन प्रक्रिया का
अर्थ केवल तुम्हारी इच्छा है
तुम्हारा संकल्प

भारती जी की प्रेम कविता में एक आधुनिक चित्त की पुकार भी है और रहस्य, रोमांस की छाया भी। तात्पर्य है कि रहस्य, रोमांस और आधुनिकता की त्रयी से इनकी प्रेम कविता आकार ग्रहण करती है। यह तीनों भाव आपस में इतने गुँथे हुए हैं कि उनको अलगाना सम्भव नहीं। जब इनका रहस्य, रोमांस आधुनिकता से चालित-परिचालित होता है तब कविता में एक विशेष प्रकार की कौंध पैदा होती है, मसलन—

सुनो मेरे प्यार!
प्रगाढ़ केलि क्षणों में अपनी अन्तरंग
सखी को तुम ने बाँहों में गूँथा
पर उसे इतिहास में गूँथने से हिचक क्यों गये प्रभु?

लेकिन जब इनका आधुनिक मन रहस्य और अलौकिकता की अनुगामिनी बन जाता है तो इनकी कविता मध्यकालीनता का आभास देने लगती है—

उस समय मैं बिल्कुल भूल गयी हूँ
कि मैं कितनी छोटी हूँ
और तुम वही कान्हा हो
जो सारे वृन्दावन को
जल प्रलय से बचाने की सामर्थ रखते हो

भारतीय कला और काव्य-परम्परा में श्रृंगार भाव की प्रधानता रही है और आनन्दभाव इसके केन्द्र में रहा है। संस्कृत काव्य-परम्परा में श्रृंगार के जितने विविध रूपों की झाँकी हमें देखने को मिलती है, वह विश्व साहित्य में अनुपम है। हिन्दी में भी विद्यापति से लेकर रीतिकाल के कवियों तक में प्रेम और श्रृंगार की समृद्ध परम्परा रही है। ध्यान देने की बात यह है कि श्रृंगार की इस पूरी परम्परा में समाज, सामाजिकता और पारिवारिकता साथ-साथ चलती है। रीतिकालीन प्रेम कविता न तो नितान्त एकान्तिक है और न ही अलौकिक। इहलौकिकता इन प्रेम कविताओं का वैशिष्ट्य है। पहली बार यहाँ प्रेम और श्रृंगार की कविता के लिए न तो राजा की अनुमति और न ही 'राधा-कृष्ण के सुमिरन को बहानो' की ज़रूरत है। 'कनुप्रिया' के प्रेम और श्रृंगार को इसी भारतीय परम्परा में देखने की कोशिश की जानी चाहिए। वात्स्यायन के कामसूत्र से लेकर एलोरा और खजुराहो में उत्कीर्ण उद्दाम श्रृंगारिक शिल्प जैसे कई आकर्षक शाब्दिक चित्र-बिम्बों से 'कनुप्रिया' को कवि ने सजाया है। ऐसे अवसरों पर भारती जी की क़लम तूलिका ने कमाल कर दिया है। दुनिया भर की कलाओं पर अगर दृष्टिपात किया जाये तो हम कह सकते हैं कि ये कलाएँ देहभाषा का कलात्मक रूपान्तरण है। 'कनुप्रिया' में राधा ही नहीं बोलती है बल्कि राधा की उन्मुक्त देह भी बोलती है। कनुप्रिया को देहभाषा की कविता के रूप में भी पढ़ा जा सकता है—

और यह मेरा कसाव निर्मम है
और अन्धा और उन्माद भरा;
और मेरी बाँहें नगरवधू की गुँजलक की भाँति
कसती जा रही हैं
और तुम्हारे कन्धों पर, बाँहों पर, होठों पर
नगरवधू की शुभ्र दन्त-पंक्तियों के नीले नीले चिह्न उभर आये हैं।

राधा के इस कथन में उसकी देह अत्यन्त मुखर है। कनुप्रिया में 'देह के टेक्स्ट के भीतर चलने वाली अभाषिक अन्तरपाठीयता' अत्यन्त सशक्त है। कनुप्रिया को स्त्री विमर्श की दृष्टि से भी पढ़ा जा सकता है, पढ़ा भी जाना चाहिए। किन्तु उद्दाम शृंगारिकता के बचाव के लिए 'कनुप्रिया' का स्त्री-पाठ उचित नहीं। क्योंकि काम-भावना सिर्फ़ आदिम वृत्ति ही नहीं है बल्कि प्राणी मात्र का अक्षय ऊर्जा स्रोत भी है। ''देह-भाषा-वृत्त में इच्छाओं के अन्तर्गत सेक्स एक बुनियादी अर्थात मूलवृत्ति (बेसिक इंस्टिंक्ट) और एक 'सुख-सिद्धान्त' भी है। यह सम्पूर्ण मानवीय अनुभवों का आनन्दप्रदायक तथा परमसुखपूर्ण हिस्सा है। इसकी ही असंख्य देहभाषिक गतियाँ-अभिव्यंजनाएँ-मुद्राएँ यहाँ से वहाँ तक परिव्याप्त हैं। यह एक ओर सौन्दर्य तथा शृंगार से संलिप्त है, तो दूसरी ओर शरीर की शक्ति और देह की उन्मत्त ऊर्जा से।''[5]

'कनुप्रिया' में धर्मवीर भारती ने स्त्री-देह और उसके सौन्दर्य को गहरे उतर कर देखने की कोशिश की है। इस देखने में उनका परिमार्जित सौन्दर्यबोध से भी हमारा साक्षात्कार होता है। इस सौन्दर्यबोध में शृंगार की भारतीय परम्परा का नख--सिख वर्णन भी आता हैं। इस नख-शिख वर्णन में राधा के कन्धे—

अगर यह उत्तुंग हिमशिखर
मेरे ही रूपहली ढलान वाले
गोर कन्धे हैं, जिस पर तुम्हारा
गगन-सा चौड़ा और साँवला और
तेजस्वी माथा टिकता है

से लेकर जिस्म का उतार-चढ़ाव, केशराशि और राधिका की जंघाओं तक का सौन्दर्य खुलकर सामने आता है—

अगर सूर्यास्त वेला में
पच्छिम की ओर झरते हुए ये
अजस्त्र-प्रवाही झरने
मेरे ही स्वर्ण-वर्णी जँघाएँ हैं

इस नख-शिख वर्णन में संस्कृत काव्य-परम्परा, जायसी के पद्मावती का सौन्दर्य वर्णन से लेकर रीतिकालीन कवियों की शृंगार कविताओं का विराट अनुभव संसार सिमटा हुआ है।

काम-क्षेत्र से लेकर शृंगारपरक कविताओं में पुरुष-दृष्टि की प्रधानता को लक्षित किया जाता रहा है। यह स्वाभाविक भी है। अधिकांश पुरुषों ने ही शृंगार कविताएँ लिखी हैं, तो उनमें उनकी दृष्टि तो आयेगी ही। आधुनिक कविता में पुरुष कवियों ने इस प्रवृत्ति की सीमाओं को समझा और अपने अनुभव को बदलने का प्रयास किया। 'कनुप्रिया' में भी इस बदलाव को लक्षित किया जा सकता है। चूँकि पूरी कनुप्रिया में राधा का एकालाप है, इसलिए उसमें स्त्री-स्वर का आना लाजमी है। लेकिन 'कनुप्रिया' में प्रेम, शृंगार और काम-दृष्टि में पुरुष-दृष्टि की व्याप्ति से आँखें नहीं मूँदी जा सकती हैं। इस अन्तर्विरोध से कवि को क्लीन चिट नहीं दी जा सकती। सेक्स में 'अक्षत स्त्री' की अवधारणा से हम सभी परिचित हैं। साहित्य में भी पुरुष की इस चाहत और 'अक्षत स्त्री' के 'महात्म्य' से हम सभी परिचित हैं। 'कनुप्रिया' में भी राधा के इसी रूप और इसी रूप की चाहत से हमारा वास्ता पड़ता है—

आम का वह बौर
मौसम का पहला बौर था
अछूता, ताजा सर्वप्रथम!
मैंने कितनी बार तुम में डूब-डूब कर कहा है
कि मेरे प्राण! मुझे कितना गुमान है
कि मैंने तुम्हें जो कुछ दिया है
वह सब अछूता था, ताजा था,
सर्वप्रथम प्रस्फुटन था।

नयी कविता ने लघुमानव की अवधारणा प्रस्तावित की और इसे छायावादी कविता के बरक्स स्थापित किया। लघुमानव का अर्थ है—''वह सामान्य मनुष्य जो अपनी सारी संवेदना, भूख, प्यास और मानसिक आँच को लिये-दिये उपेक्षित था।'' इन उपेक्षितों का महत्त्व प्रतिपादन नयी कविता का वैचारिक आधार माना गया। विजयदेव नारायण साही 'लघुमानव के बहाने' अपने अत्यन्त महत्त्वपूर्ण आलेख में इसी अवधारणा के आधार पर अज्ञेय को अपने समय का 'बड़ा' कवि सिद्ध करते हैं। साही अपने उक्त लेख में लिखते हैं, "लघु और महत्त्व का सम्मिलन प्रतीकात्मक स्तर पर होता है। शाब्दिक रूप में हम महत की तीन अवस्थाएँ

मान लें, छायावाद में उसका रूप लघु की महानता का है, तीसरे दशक में लघु की 'महिमा' का है और उसके बाद की कविता में लघु के 'महत्त्व' का है।''[6]

धर्मवीर भारती नयी कविता के एक बड़े कवि ही नहीं बल्कि नयी कविता और लघुमानव के प्रमुख भाष्यकार भी हैं। यहाँ हम देखने की कोशिश करेंगे कि भारती जी की लघुमानव की अवधारणा क्या थी? और इस अवधारणा से उनकी कविता विशेषकर 'कनुप्रिया' कितना जुड़ पाती है? भारती अपने महत्त्वपूर्ण वैचारिक पुस्तक 'जीवन मूल्य और साहित्य' में लिखते हैं, ''मानवीय गौरव की प्रतिष्ठा किसी एक व्यक्ति की सुखानुभूति या उसके कलाव्यक्तित्व की मौज की समस्या नहीं है। अन्ततोगत्वा वह भी एक व्यापक सामाजिक तत्त्व है और इसलिए यदि व्यापक मानवीय गौरव की स्थापना हो सकती है तो उसी स्थिति में कि समाज के प्रत्येक छोटे-से-छोटे व्यक्ति के गौरव को वही महत्त्व दिया जाये जो बड़े-से-बड़े व्यक्ति को मिलता है। जब महामानव और लघुमानव का भेद कर एक के गौरव का बलिदान कर दूसरे के गौरव की वृद्धि न की जाये। किसी को भी विशिष्ट मानव मान कर चाहे वह आर्थिक आधार पर हो, चाहे सौन्दर्यानुभूति के आधार पर, चाहे जाति के विकास के आधार पर, उसे सामान्य नैतिक धरातल से परे का जीवन मान लेना वस्तुतः व्यापक मानवीय गौरव और अन्तरात्मा की प्रतिष्ठा के विरुद्ध पड़ता है। उसकी स्थापना तो तभी हो सकती है, जब हम सामाजिक समानता के सिद्धान्त को प्राथमिक मान्यता प्रदान करें, मनुष्य और मनुष्य को समान मानें, महाजन के समक्ष लघुजन को रखें और दोनों के लिए समान नैतिक मूल्य और समान अधिकार और समान गौरव की घोषणा करें।''[7]

इस लम्बे उद्धरण में भारती जी जिस लघुमानव की वकालत करते हैं, वह उनकी कविता में कितना है और कितनी सम्भावनाओं के साथ उपस्थित होता है, कहने की आवश्यकता नहीं। प्रेमकाव्य के लिए उन्होंने किसी लघुमानव का चुनाव न कर महामानव का ही चुनाव किया। चुनाव ही नहीं किया कनु का 'महामानवत्व' भी बरकरार रखा। 'कनुप्रिया' का कनु अपने प्रेम का विस्तार लघुमानव के साथ नहीं कर पाता। वहाँ बतौर प्रेमिका सिर्फ़ राधा की ही मौजूदगी है, कहना चाहिए कि राधा ही वहाँ अकेली है, लेकिन 'अनुपस्थित' कृष्ण अपने सारी अलौकिकता और महामानवत्व के साथ वहाँ मौजूद हैं। 'अन्धायुग' में भी अनुपस्थित कृष्ण के 'देवत्व' की आभा सर्वत्र मौजूद है; लघुमानव की बात किये बगैर सूरदास के कान्हा के प्रेमोत्सव में राधा तो हैं ही, सामान्य गोपियाँ भी हैं, गोप बालक भी हैं, गायों के साथ-साथ वृन्दावन के कारीलों, कुंजों, निकुंजों, तालाबों आदि की

सजग उपस्थिति से प्रेम का विलक्षण सामाजिक-सांस्कृतिक पक्ष उद्घाटित होता है। राधा को अगर लघुमानव मान लें तो भी 'कनुप्रिया' में दर्ज प्रेम के स्वरूप में लघुमानव की कोई अवधारणा नज़र नहीं आती। राधा गो-पालक थी, पशुचारण उसका पारिवारिक पेशा था। दूध दुहने से लेकर मक्खन निकालने और उसे बेचने तक का कार्य भी राधा के दैनन्दिन प्रक्रिया में शामिल रही होगी। सूरदास ने श्रमिक कृष्ण का लाजवाब चित्र खींचा है–

धेनु दुहत अतिहीं रति बाढ़ी।
एक धार दोहनि पहुँचावत,
एक धार जहँ प्यारी ठाढ़ी।।

लेकिन कनुप्रिया में श्रम करती राधा या कृष्ण नज़र नहीं आते। राधा के इस रूप की अवधारणा से प्रेम का वर्गीय रूप शानदार तरीक़े से आ सकता था। यहाँ उसकी पूरी सम्भावना थी। क्योंकि कृष्ण भी उसी श्रमिक समुदाय से आते हैं। मशक्क़ती समाज का प्रेम भी अधिक ऊर्जस्वी और गतिशील होता है। सामन्ती फुर्सती समाज के प्रेम में आडम्बर, विलासिता और प्रेम का पितृसत्तात्मक पक्ष अधिक प्रभावी होता है? विद्यापति की पदावली, सूरदास के वृन्दावन, ईश्वरी के फागु, 'हर ख़्वाहिश पर दम निकलने' वाली ग़ालिब की इश्क़ की ग़ज़लें, संघर्षपूर्ण साझेपन से निकली फैज की प्रेम-कविता, भिखारी ठाकुर के बिदेसिया तथा विभिन्न बोलियों के स्त्रीगीतों में अभिव्यक्त प्रेम का जीवन संघर्ष जितना उन्नत और महिमाशाली बन पड़ा है 'कनुप्रिया' के प्रेम में वह बात नहीं आ पायी है। इस सन्दर्भ में भक्त कवयित्री जानाबाई की एक कविता यहाँ आशय को स्पष्ट कर सकता है–

हे माधव, देखो ना
कितने काम धरे हैं सिर पर
इतना आटा गूँथना है अभी
कितने कपड़े कूटने हैं–
आओ भी हाथ बँटा दो थोड़ा
या तुम हेर दो जूँ ही जरा
कुछ तो करो, कुछ करो

कनुप्रिया का कनु भी कुछ तो करते ही हैं, राधा के पाँव में महावर लगाते हैं—

जब तुम पोई की जंगली लतरों के पके फलों को
तोड़ कर, मसल कर, उनकी लाली से मेरे पाँवों को
महावर रचने के लिए अपनी गोद में रखते हो
तो मैं लाज से धनुष की तरह दोहरी हो जाती हूँ।

आटा सने हाथ और कपड़ा कूटते, पसीने से तर-बतर राधा जब कृष्ण से जूँ हेरने का निवेदन करती है, तब प्रेम का अधिक सक्रिय और सान्द्र रूप निखर कर सामने आता है और राधा का लघुमानव रूप भी।

एक तरफ़ छायावाद-रहस्यवाद और दूसरी तरफ़ प्रगतिवादी कविता के विरोध से नयी कविता की भावभूमि तैयार होती है, लेकिन विडम्बना यह है कि नयी कविता के अग्रदूत अज्ञेय सहित धर्मवीर भारती की कविता ही नहीं बल्कि काव्यभाषा भी छायावाद-रहस्यवाद से मुक्त नहीं हो पाती है। धर्मवीर भारती की कविता में छायावाद और रहस्यवाद का प्रभाव प्रभुत मात्रा में है। 'कनुप्रिया' के राधा और कृष्ण पर भी इस रहस्य का झीना पर्दा चढ़ गया है। नामवर सिंह अपनी पुस्तक 'कविता के नये प्रतिमान' में लिखते हैं, "धर्मवीर भारती के कुछ गीतों और कनुप्रिया में जहाँ छायावादी ढंग की काव्यभाषा का उपयोग किया गया है, उससे कविता के भावबोध की कच्चाई, बौद्धिक अपरिपक्वता और एवं कैशोर भावुकता का पता चलता है।"[8] छायावाद की लाक्षणिकता, संकेतिकता और प्रतीक योजना के साथ लाक्षणिक काव्यभाषा 'कनुप्रिया' की विशिष्टता है—

तो क्या तुम्हारे पास की डार पर खिली
तुम्हारे कन्धों पर झुकी
वह आम की ताजी, क्वारी, तुर्श मंजरी मैं ही थी
और तुमने मुझसे ही मेरी माँग भरी थी!

कनुप्रिया में प्रेम, रोमांस और शृंगार के न जाने कितने रंग हैं। बहुरंगी प्रेम का गुच्छ है 'कनुप्रिया'। अकारण नहीं है कि हिन्दी प्रेम-काव्य-परम्परा में इसका अन्यतम स्थान भी है और सार्थक हस्तक्षेप भी। यहाँ उद्दाम संयोग शृंगार का उल्लास है तो अन्तहीन प्रतीक्षा की उदासी भी। इस प्रेम में 'सुख के क्षण' और 'आग्रह भरा गोपन' है तो 'एक अज्ञात भय' और 'अपरिचित संशय' ही नहीं 'घिर आने वाली निर्व्याख्या उदासी' भी है। वैसे प्रेम के साथ भय का 'भाईचारा' रहा है। पितृसत्तात्मक समाज में स्त्री के लिए प्रेम करना जितना साहस का काम

है उतना ही अनागत भय का आमन्त्रण भी। समाज के भय के अतिरिक्त प्रेमी पुरुष के चंचल चित्त का भय। प्रेम के टूट कर बिखर जाने का भय। 'कनुप्रिया' में इस स्त्री-भय को भारती ने कई तरह से दिखलाने की कोशिश की है—

और यह रात मेरी प्रगाढ़ता है
और दिन मेरी हँसी
और फूल मेरे स्पर्श
और हरियाली मेरा आलिंगन
तो यह तो बताओ मेरे लीलाबन्धु
कि कभी-कभी मुझे भय क्यों लगता है?

* * * * *

क्यों मेरे लिए लीलाबन्धु
क्या वह आकाशगंगा मेरी माँग नहीं है?
फिर उसके अज्ञात रहस्य
मुझे डराते क्यों हैं?...
और इस तमाम सृष्टि में मेरे अतिरिक्त
यदि कोई है तो केवल तुम, केवल तुम,
केवल तुम
तो मैं डरती किससे हूँ मेरे प्रिय!

* * * * *

उद्दाम क्रीड़ा की वेला में
भय का यह जाल किसने फेंका है?

कनुप्रिया में प्रेम के सघनतम क्षणों का सूक्ष्म अंकन है तो प्रेमिका में मातृत्व का दर्शन भी। प्रेमिका में मातृत्वभाव का दर्शन प्रेम का विरलतम अनुभव कहा जा सकता है। मेघ के घोर गर्जन और बिजलियों की कड़क में जब

सारे वनपथ धुँधला कर छुप गये हैं
तो मैंने अपने आँचल में तुम्हें दुबका लिया है
तुम्हें सहारा दे-देकर
अपनी बाँहों में घेरे गाँव की सीमा तक तुम्हें ले आयी हूँ...
और मुझे केवल यही लगा है

कि तुम छोटे-से शिशु हो
असहाय, वर्षा में भींग-भींगकर
मेरे आँचल में दुबके हुए।

कनुप्रिया में प्रेम की असीमता और नैरन्तर्य को अनूठे ढंग से प्रस्तुत किया गया है। कनु और राधा से पहले भी प्रेम करने वाले हुए थे और आगे भी प्रेम के राहगीर होंगे। प्रेम अहर्निश चलने वाली खूबसूरत अहसास का नाम है। दुनिया तभी तक खूबसूरत बनी रहेगी जब तक स्त्री-पुरुष प्रेम का अस्तित्व बचा रहेगा—

पर जब मुझे चेत हुआ
तो मैंने पाया कि हाय सीमा कैसी
मैं तो वह हूँ जिसे दिग्वधू कहते हैं कालवधू...
समय और दिशाओं की सीमाहीन पगडण्डियों पर
अनन्त काल से
अनन्त दिशाओं में
तुम्हारे साथ-साथ चलती चली आ रही हूँ चलती
चली जाऊँगी...
इस यात्रा का आदि ना तो तुम्हें स्मरण है ना मुझे
और अन्त तो इस यात्रा का है ही नहीं मेरे
सहयात्री!

कनुप्रिया का विशेष महत्त्व स्त्री-प्रश्न पर है। प्रेम में स्त्री-प्रश्न ही कनुप्रिया को आधुनिक प्रेम कविता बनाता है। आधुनिक काल से पूर्व स्त्री-पुरुष सम्बन्ध में स्त्री-प्रश्न का कोई मतलब नहीं था। प्रेम का मतलब था प्रेमी को 'शैया-सुख' उपलब्ध कराना। लेकिन 'कनुप्रिया' की राधा कृष्ण से सवाल करती है। दूसरे स्तर पर यह सवाल इतिहास से भी है और साहित्य से भी। इतिहास में पुरुष स्वर्णाक्षरों में दर्ज होते रहे और स्त्रियाँ कहाँ विलुप्त हो गयीं? सुमन राजे को 'हिन्दी साहित्य का आधा इतिहास' क्यों लिखना पड़ता है? इतिहास अपने को वस्तुनिष्ठ कहता है तो वह इतना स्त्री विरोधी क्यों है? सारे इतिहास पुरुषदर्प से दीपित क्यों होते हैं? 'कन्याहरण' और 'सीमाविस्तार' के लिए किया गया युद्ध शौर्य और पराक्रम (वीरगाथा) से सुशोभित क्यों होता है? कनुप्रिया के सवाल में इन सारे सवालों की अनुगूँज है—

और जन्मान्तरों की अनन्त पगडण्डी के
कठिनतम मोड़ पर खड़ी होकर
तुम्हारी प्रतीक्षा कर रही हूँ।
कि इस बार इतिहास बनाते समय
तुम अकेले ना छूट जाओ!

राधा दोटूक कनु को कहती है कि तुम्हारे कृष्ण बनने में मेरा क्या कुछ छीज गया, कितना कुछ छूट गया, रीत गया, इसका हिसाब कौन-सा इतिहास करेगा?

तुम्हारे महान बनने में
क्या मेरा कुछ टूट कर बिखर गया है कनु!

सवाल-दर-सवाल हैं राधा के। सिर्फ़ राधा के नहीं यह सवाल सभी स्त्रियों के हैं। यह सवाल आज के स्त्रियों की भी हैं। 'कनुप्रिया' का वैशिष्ट्य कृष्ण यानी पुरुष को प्रश्नबद्ध करने में है। 'कनुप्रिया' का यक्ष प्रश्न यह भी है कि क्या स्त्री अपनी अस्मिता को सुरक्षित रखते हुए भी प्रेम कर सकती है? क्या वह अपने अस्तित्व को पति, प्रेमी या किसी भी पुरुष में विलुप्त किये बगैर प्रेम की अधिकारिणी हो सकती हैं? धर्मवीर भारती की कविता में प्रेम के इसी विविध रूपों को देखकर आलोचक देवीशंकर अवस्थी को इनकी प्रेम कविताएँ अद्वितीय लगती हैं। वे लिखते हैं, "भारती की कविताओं का एक चौथा स्तर भी है, जहाँ अर्थ, मूल्य, व्यंग्य, अनस्तित्व आदि की चर्चा छोड़कर सहज कवि के रूप में वह हमारे सामने आते हैं। प्रकृति के कितने ही मधुर मोहक चित्र...प्रणयानुभूतियों के सूक्ष्म संवेदन... प्रेमियों के पास बैठकर वह उसकी रूखी मुक्त वेणी को उँगली में बार-बार प्यार से लिपटा कर अनबाँधे छोड़ देता है... वास्तव में भारती की कविताओं का यही क्षेत्र है और जहाँ वे अद्वितीय हैं... इस रोमांटिक स्तर से हटकर जब वह स्थापना करने लगते हैं, मानो रोमांटिक कृति वेश बदल कर आ गयी हो।[9] देवीशंकर अवस्थी भारती जी को मूलरूप से रोमांटिक कवि ही मानते हैं। इसी रोमांटिक भाव का सर्जनात्मक विस्फोट है 'कनुप्रिया'।

कनुप्रिया का महत्त्व राधा का इतिहास से मुठभेड़ में भी है। इतिहास खण्ड में राधा ने कृष्ण के युद्धोन्मादी छवि की तीखी आलोचना की है। युद्ध को लेकर यह एक गम्भीर स्त्री-प्रश्न ही है। क्योंकि युद्ध का 'पौरुष' स्वरूप उसे पितृसत्ता

की स्थापना का महत्त्वपूर्ण कारक बनाता है। युद्ध लड़ते पुरुष हैं किन्तु शिकार औरतें होती हैं ठीक गाली की तरह। गालियाँ दी तो पुरुषों को जाती हैं, किन्तु जलील औरतें होती हैं। इसलिए युद्ध के ख़िलाफ़ औरतें आवाज़ उठाती रही हैं। वैश्विक स्तर पर सर्वसत्तावादी युद्धोकांक्षा के ख़िलाफ़ औरतों ने आवाज़ उठाई हैं। कनुप्रिया में कृष्ण के हाथों महावर लगाते लाज से 'कठौत' होने वाली राधा युद्ध से हुई विनाशलीला के लिए कृष्ण को लानतें भेजती हैं—

आज उस पथ से अलग हटकर खड़ी हो
बावरी!
लता कुंज की ओट
छिपा ले अपने आहत प्यार को
आज इस गाँव से
द्वारिका की युद्धोन्मत्त सेनाएँ गुज़र रही हैं।

राधा को आशंका इस बात की भी है कि अठारह अक्षौहिणी कृष्ण की उन्मादी सेना इधर से गुज़रेगी तो यहाँ के सारे वृक्ष 'आज खण्ड-खण्ड हो जायेंगे' और अगर ग्रामवासी सेनाओं के स्वागत में

तोरण नहीं सजाते
तो क्या सारा ग्राम नहीं उजाड़ दिया जायेगा?

युद्ध की विभीषिका, आर्तनाद और चीत्कार से व्यथित होकर राधा कृष्ण को लेकर एक व्यंग्य करती हैं—महाव्यंग्य—

गर्व कर बावरी
कौन है जिसके महान प्रिय को
अठारह अक्षौहिणी सेनाएँ हैं।

सन्दर्भ

1. *आशय*, वर्ष 4 अंक 5 6 संयुक्तांक, सितम्बर 2005 2006, पृष्ठ 31
2. *राजकमल चौधरी रचनावली*, खण्ड 8, सम्पादक—देवशंकर नवीन, राजकमल प्रकाशन, 2015, पृष्ठ 303
3. *ठण्डा लोहा*, धर्मवीर भारती, भूमिका से
4. *जीवन मूल्य और साहित्य*—धर्मवीर भारती, भारतीय ज्ञानपीठ, 1960, पृष्ठ 21

5. *मानव देह और हमारी देह भाषाएँ*, रमेश कुन्तल, मेघ लोक भारती प्रकाशन 2015, पृष्ठ 106
6. *आधुनिक हिन्दी समीक्षा*, सम्पादक–निर्मला जैन , प्रेमशंकर, साहित्य अकादमी, 1985, पृष्ठ 166
7. *जीवन मूल्य और साहित्य*, धर्मवीर भारती, भारतीय ज्ञानपीठ, 1960, पृष्ठ 27-28
8. *कविता के नये प्रतिमान*, नामवर सिंह, राजकमल प्रकाशन, 1968, पृष्ठ 109
9. कल्पना, मार्च 61

कनुप्रिया का इकोफेमिनिज़्म-पाठ

डॉ. के. वनजा

स्त्री और प्रकृति को केन्द्र में प्रतिष्ठित एक वैश्विक विचारधारा है इकोफेमिनिज़्म। दोनों की समानधर्मिता तर्कातीत है यानी स्त्री में प्रकृति तत्त्व सवार करता है। वह तत्त्व मानवीयता से पोषित है। उस संस्कृति में पली-बढ़ी स्त्री अन्याय को बर्दाश्त करती नहीं है। वह खूब विवेकी होती है। वह सभी प्रकार के शोषितों को बचाने में उतावाली होती है। उसका दायित्व गुरु गम्भीर है। इस सन्दर्भ में महादेवी वर्मा के ये शब्द याद आते हैं, ''स्त्री के व्यक्तित्व में कोमलता और सहानुभूति के साथ साहस तथा विवेक का एक ऐसा सामंजस्य होना आवश्यक है, जिससे हृदय के सहज स्नेह की अजस्र वर्षा करते हुए भी वह किसी अन्याय को प्रश्रय न देकर प्रतिकार में तत्पर रह सके। ऐसा एक भी सामाजिक प्राणी न मिलेगा, जिसका जीवन माता, पत्नी, भगिनी, पुत्री आदि स्त्री के किसी-न-किसी रूप से प्रभावित न हुआ हो। इस दशा में उसके व्यक्तित्व को कितने गुरु उत्तरदायित्व की छाया में विकास पाना चाहिए, यह स्पष्ट है।'' (शृंखला की कड़ियाँ) यह भारी दायित्व है। असल में इस पृथ्वी को उसके सारे असन्तुलन से बचाकर ले जाने का दायित्व स्त्री अपनी आत्म पहचान से अपने ऊपर ले लेती है।

यह सृष्टि सुन्दर, उर्वर, विकासोन्मुख और पूर्णरूप से प्राकृतिक है। इसमें स्त्रियाँ सतत सक्रिय रहती हैं। स्त्रियाँ पृथ्वी की तरह जीवन को बुनती हैं। पृथ्वी के साथ स्त्री की अनुपम एकतानता अथवा विशेष सम्बन्ध है। अतीत में इस सम्बन्ध को माना गया था। स्त्री और पुरुष समान रूप से मान्य थे। वह समाज युद्ध का नहीं था। तब मनुष्य पृथ्वी को नाश करने की अथवा आक्रमण कर अधीन बनाने की वस्तु नहीं मानता था। वह युग साझेदारी का था, समता का था। लेकिन बाद में द्वन्द्वपूर्ण पुरुषमेधा समाज ने उस सुनहली-व्यवस्था को तहस-नहस कर लिया। इकोफेमिनिज़्म इस सन्दर्भ में इसकी इलाज स्वरूप प्रस्तुत हुआ। यह एक निर्माणात्मक विश्वदृष्टि है जो सभी प्रकार की द्वैतता एवं द्वन्द्वात्मकता के विरुद्ध है।

इसमें समस्त चराचरों की सुरक्षा निहित है। इसमें आध्यात्मिक एवं भौतिकवादी दृष्टियाँ काम करती हैं। यह विमोचन एवं शान्ति की आवाज़ है। इसमें स्त्री, प्रकृति और पुरुष का विमोचन दर्ज है। यह मनुष्य और अन्य को अलगाता नहीं। सब में व्याप्त एक ही चैतन्य है, जैसे कामायनीकार ने कहा, "एक तत्त्व की प्रधानता कहो इसे जड़ या चेतन।" यह है भौमसदाचार एवं साकल्यता पर केन्द्रित हरित आध्यात्मिकता। यह इकोफेमिनिज़्म का मुख्य तत्त्व है।

राधामाधव के अनश्वर प्रेम का सौन्दर्य कालातीत है। राधा का प्रेम व्यक्तिगत बनकर यद्यपि हमारे सामने आता है तो भी वह धीरे-धीरे इतिहास बनकर युग-युगों में व्याप्त हो जाता है। वह निष्काम प्रेम का रूप है। वह राधा रूप लोकजीवन का प्रतिनिधि है। हमारे इस महान देश के कोने-कोने में वह भिन्न नाम और रूप लेकर अवतरित होता है, मीरा, आण्डाल, कुरूरम्मा जैसे कितने नामों में। देश के नाना जनपदों की नारियों में वह राधा चैतन्य दृश्यमान है। इस संसार में सिर्फ़ एक ही ऐसा भाव है प्रेम जो निरन्तर दोहराने पर भी नीरस नहीं बनता। राधातत्त्व की सार्थकता इसमें है।

धर्मवीर भारती की 'कनुप्रिया' उस राधातत्त्व को बिलकुल नये सन्दर्भ में पुनर्विचार करने को प्रेरित करती है। वह राधा प्रकृति के कण-कण से निर्मित एवं प्रकृति में तन्मय है। इसलिए वह लोक से निर्मित पुरुष में तन्मय हो जाती है, उसे अपने जीवन का चरम साक्षात्कार समझती है। उन दोनों की तन्मयता में है जीवन की सार्थकता। उससे लोककल्याण सम्भव होता है। वह राधातत्त्व स्त्रीतत्त्व है। वह तत्त्व अन्त तक इस दुनिया में द्वन्द्वरहित एक शान्त संस्कृति की प्रतिष्ठा के लिए प्रतीक्षारत है। 'कनुप्रिया' के बीच में आकर पुरुष अपने जीवन में धुले-मिले लोक से दूर चला जाता है। वह सत्ता (अधिकार) एवं ज्ञान से वशीभूत होकर नयी संस्कृति को रचता है। वह संस्कृति हिंसा की है। वह आधुनिकता की यानी ज्ञानोदय की है। वह पुरुषाधिपत्य की है, वह स्त्री की समझ के परे है। लेकिन यह स्त्री अपने विवेक से पहचानती है कि उस संस्कृति का कोई स्थायित्व नहीं, इसलिए पुरुष उससे थककर, ऊबकर एवं दिशाहीन होकर उसके पास वापस आयेगा। लोकनिर्मित स्त्रीतत्त्व में वह सान्त्वना अनुभव कर पायेगा। इस लोक संस्कृति में है, सबका विमोचन। इसलिए इस रचना को चार भागों में विभक्त कर विश्लेषण करना संगत होगा। (1) प्रकृति और स्त्री (2) प्रकृति, स्त्री और पुरुष (3) प्रकृति एवं स्त्री तत्त्वों से पुरुष का द्वन्द्व (4) प्रकृति और स्त्री केन्द्रित संस्कृति की चिरन्तनता।

प्रकृति और स्त्री

कनुप्रिया के आरम्भिक भाग में कवि यह ज़ाहिर करते हैं कि स्त्री में प्रकृतितत्त्व इतना मिल-जुल गया कि उसे अलग करना कठिन है। छायादार पावन अशोक-वृक्ष भी अपने को पुष्पित करने के लिए राधा के चरण स्पर्श की प्रतीक्षा करता है। राधा अशोक वृक्ष की इस प्रतीक्षा को समझकर यों कहती है–

तुमको क्या मालूम कि
मैं कितनी बार केवल तुम्हारे लिए
धूल में मिली हूँ
धरती में गहरे उतर
जड़ों के सहारे
तुम्हारे कठोर तने के रेशों में
कलियाँ बन, कोंपल बन, लाली बन
चुपके से सो गयी हूँ
कि मधुमास आये और तुम कब मेरे
प्रस्फुटन से छा जाओ।

राधातत्त्व इस प्रकृति के कण-कण के साथ तन्मय होकर लयात्मकता अनुभव करता है। वे दोनों पृथक तत्त्व नहीं हैं। इसलिए प्रकृति के प्रत्येक संकट को स्त्री अपना समझती है। यह है इको-फेमिनिज़्म का मूल मन्त्र भी। इस सन्दर्भ में इकोफेमिनिस्ट सूसन ग्रीफ की कविता 'Woman and Nature' (स्त्री और प्रकृति) मुझे याद आती है–

हम प्रकृति हैं
हम स्त्रियाँ हैं
हम फूल और पतंगें हैं
हम प्रकृति और स्त्रियाँ हैं
वह बोलता है
हमारी भाषा वह सुनता नहीं है
लेकिन हम सुनती हैं।

इस कविता का वह (पुरुष) प्रकृति और स्त्री की भाषा सुनता नहीं। लेकिन स्त्री और प्रकृति परस्पर सुनने के साथ सबको सुनती हैं। उन दोनों की भाषा

सामूहिकता की है और उस भाषा में सबको समाहित करने की शक्ति है। स्त्री और प्रकृति पुरुष से भिन्न भाषा का गठन करती हैं, वह अन्य की भाषा है। पुरुष की भाषा अपने में सीमित होकर अपनी महत्त्वाकांक्षा की संस्कृति को रूपायित करने की है, वह पृथ्वीबोध से दूर है।

राधा के सम्बन्ध में कहा जाये तो राधा अशोक, कदम्ब, आम्रतरु जैसे सभी वृक्षों की इच्छा एवं गतियों से अभिज्ञ है। वह यमुना के पानी में स्वयं कृष्ण में, कृष्ण के संगीत में तल्लीन है। राधा का व्यक्तित्व गठित है लोक के रेशे-रेशे से। इसलिए वह मानवीय प्रेम का साकार रूप है। वह किसी से पृथक नहीं है, सबकी संवेदनाओं एवं अनुभूतियों को आत्मसात कर विवेकी बनकर अपनी पहचान को बनायी रखती है। इसलिए राधा कालातीत बनकर हमारे बीच में मौजूद है।

स्त्री, पुरुष और प्रकृति

कनुप्रिया में सबसे ज़्यादा महत्त्व स्त्री, पुरुष और प्रकृति की समन्वयात्मकता को दिया गया है। राधा-कृष्ण युगल बनकर नहीं एक बनकर प्रकृति में लीन रहता है। कनुप्रिया का चौथा गीत इसके लिए सही दृष्टान्त है। यमुना के नीले जल में निर्वस्त्र खड़ी राधा को देखकर ऐसा लग रहा है कि यमुना की इस साँवली गहराई का फैलाव मानो कृष्ण ही हो, वह कृष्ण भी अपने सारे आवरण दूर कर राधा को प्रगाढ़ आलिंगन में भर रहा हो–

यमुना के नीले जल में
मेरा यह वेतसलता-सा काँपता तन-बिम्ब और उसके चारों
ओर साँवली गहराई का अव्याह प्रसार, जानते हो
कैसा लगता है–
मानो यह यमुना की साँवली गहराई नहीं है
यह तुम हो जो सारे आवरण दूर कर
मुझे चारों ओर से कण-कण, रोम-रोम
अपने श्यामल प्रगाढ़ अथाह आलिंगन में पोर-पोर कसे हुए हो।

यह जो बिम्ब उत्प्रेक्षा अलंकर की सहायता से कवि ने अंकित किया, उससे यह ध्यातव्य है कि तीनों के बीच में यानी स्त्री-पुरुष और प्रकृति के बीच में कोई सीमारेखा नहीं है।

कृष्ण और राधा की रासक्रीडाएँ प्रकृति को माध्यम बनाकर होती हैं। 'आम्र-बौर का गीत' में विरहिणी राधा की यादों में उन दोनों का खेल यों प्रकट है—

"कदम्ब के नीचे बैठकर/जब तुम पोई की जंगली लतरों के पके, फलों को/तोड़कर, मसल कर, उनकी लाली से मेरे पाँवों को महावर रचने के लिए अपनी गोद में रखता है।"

यहाँ महावर रचने के लिए पोई की जंगली लतरों के पके फलों को लिया जाता है। आम्र मंजरी की धूल को माँग का सिंदूर कहकर राधा अपनी माँग को श्यामल वनघासों में बिछी पगडण्डी के समान समझती है। इस प्रकार प्रकृति के प्रत्येक अवयव को कृष्ण और राधा अपनी क्रीड़ा की पूर्णता के लिए उपयोग करते हैं। वैसे ही कृष्ण को राधा का प्रत्येक अंग उसकी पूर्णता तक पहुँचने की पगडण्डी मात्र है। देखिए—

मैं मानती हूँ
कि तुमने अनेक बार कहा है—
"राघन्। तुम्हारी शोख चंचल
विचुम्बित पलकें तो
पगडण्डियाँ मात्र हैं :
जो मुझे तुम तक पहुँचा कर रीत जाती है।

इस प्रकार प्रकृति के प्रांगण में वे परस्पर मिलजुलकर प्रकृति से तन्मय होकर क्रीड़ा करते थे। वे प्रकृति को अपनी क्रीड़ाभूमि बनाते थे। लोकजीवन के दृश्य उतारने में कवि अत्यन्त शौकीन दिखाई देते हैं। 'आम्र बौर का गीत' में आम्रमंजरी के नीचे राधा की प्रतीक्षा में निरत कृष्ण जब वेणु बजाता बैठता है, तब नन्दगाँव के दृश्य एक-एक कर उभर आते हैं—

गायें कुछ क्षण तुम्हें अपनी भोली आँखों से
मुँह उठाये देखती रहीं और फिर
धीरे-धीरे नन्दगाँव की पगडण्डी पर
बिना तुम्हारे अपने-आप मुड़ गयीं—
और
यमुना के घाट पर
मछुओं ने अपनी नावें बाँध दीं
और कन्धों-पर पतवारें रख चले गये—

इस प्रकार लोकजीवन के विभिन्न दृश्यों को उतारने का मक़सद यह दिखाने के लिए भी है कि कृष्ण का पूर्ण विकास लोक से हुआ है। कृष्ण और राधा के मिलन से जो प्रेम तत्त्व दोनों में समन्वित हुआ, वह बिल्कुल निःस्वार्थ एवं विराट है। वह लोककल्याण को लक्षित है। इसी सन्दर्भ में आचार्य रामचन्द्र शुक्ल की साहित्य सम्बन्धी मान्यताएँ ध्यातव्य हैं। उनके अनुसार साहित्य का परम लक्ष्य लोक का मंगल है और वह प्रकृति और मनुष्य की पारस्परिकता से संजात है। इसलिए उन्होंने कहा कि सभ्यता विकास के साथ-साथ कविकर्म जटिल होता जा रहा है। इस सभ्यता समीक्षा के पीछे निहित संकल्पना, यही थी कि मनुष्य को मात्र अपने 'प्रिमिटीव' (आदिम) जीवन और आदिम बिम्बों से रस और शान्ति मिलते हैं। आज की कला सभ्यता के अलंकरणों से आवृत्त है, लेकिन साहचर्य-सम्भूत रस के प्रभाव से सामान्य, सीधे-सादे, चिरपरिचित दृश्यों से माधुर्य की अनुभूति होती है। वन्य और ग्रामीण दोनों प्रकार के जीवन प्राचीन हैं, दोनों पेड़-पौधों पशु-पक्षियों, नदी-नालों और पर्वत-मैदानों के बीच व्यतीत होते हैं। वे प्रकृति के अधिक निकट हैं। (काव्य में प्राकृतिक दृश्य, चिन्तामणि—भाग 2)

कृष्ण के व्यक्तित्व-विकास में पूर्ण सहयोग नन्द गाँव के पेड़-पौधे, नदी-नाले, जीव-जन्तु, पर्वत-मैदान आदि देता है। कदम्ब वृक्ष के नीचे कृष्ण को राधा ध्यानमग्न खड़ी पायी। राधा याद करती है कि "पर तुम खड़े रहे अडिग, निर्लिप्त, वीतराग, निश्चल।" राधा बार-बार कई कविताओं में इस पर ज़ोर देती है कि कृष्ण सम्पूर्णता का लोभी है। उसने नन्दगाँव की सम्पूर्णता को आत्मसात किया और राधातत्त्व की सम्पूर्णता को ग्रहण किया था—

वह जिसे भी रिक्त करना चाहता है
उसे सम्पूर्णता से भर देता है।

अथवा

तुम्हारा प्यार अजीब-सा प्यार है
जो सम्पूर्णतः बाँध कर भी
सम्पूर्णतः मुक्त छोड़ देता है।

कृष्ण सम्पूर्णता को बाँध देता है, लेकिन उस सम्पूर्णता को स्वतन्त्र छोड़ता भी है। पूर्ण स्वीकृति के साथ पूर्ण वापसी भी है। एक के व्यक्तित्व से पूर्ण तादात्म्य है कृष्ण के प्यार का महत्त्व। लेन और देन पूर्णता का है, वहाँ स्वार्थ

नहीं है, लेकिन इस पूर्ण-अपूर्ण में भी अपने अपने निजत्व और आन्तरिक अर्थ को मर्यादित रखता भी है। कृष्ण की भाषा यही है। परस्पर पूर्णतः डूब जाकर प्रत्येक की अस्मिता या पहचान को नष्ट करने की नहीं बल्कि प्रत्येक की पहचान को बनाये रखने की है। अर्थात् इस संसार में राधा-कृष्ण एक बनकर आनादि काल से प्रकट है, तो भी राधा के प्रेम की ख़ूब तारीफ़ होती है। कृष्ण से राधातत्त्व ज़्यादा उज्ज्वल बन गया। लेकिन कृष्ण के निर्माण में राधातत्त्व की भूमिका शब्दातीत है। इधर कृष्ण, राधा और प्रकृति का जो समवेत है, वह एक अनूठी संस्कृति का उत्स बनता है। वह बहुलता, पूर्णता और सादगी की उच्च भूमि को छू लेती है।

इस सन्दर्भ में कवि राधा और कृष्ण के सम्बन्ध को शब्दों में बाँधने की कोशिश करते हैं। उस सम्बन्ध में अनछुआ कोई रिश्ता नहीं है–

"रखा-बन्धु-आराध्य
शिशु-दिव्य-सहचर
और अपने को नयी व्याख्यायें देनी चाही हैं
सखी-साधिका-बान्धवी
माँ-वधू-सहचरी
और मैं बार-बार नये-नये रूपों में
उमड़-उमड़कर
तुम्हारे तट तक आयी
और तुमने हर बार अथाह समुद्र की भाँति
मुझे धारण कर लिया–
विलीन कर लिया
फिर भी अकूल बने रहे।"

यहाँ सम्पूर्णता में भी अलग-अलग अस्तित्व के साथ खड़े व्यक्तित्वों का अंकन है। जो बड़ा और विराट है, वह दूसरे को मिटा देता है। लेकिन राधा तत्त्व कृष्ण तत्त्व में लीन होकर भी अलग है। यह भी नहीं कृष्ण का सम्पूर्ण अस्तित्व उसकी सृष्टि पर टिका हुआ है। वह सम्पूर्ण सृष्टि कृष्ण की इच्छाओं की है। उसकी सम्पूर्ण इच्छा का अर्थ राधा है। इसलिए राधा यों कहती है–

"इस निखिल सृष्टि के
अपार विस्तार में

तुम्हारे साथ मैं हूँ—केवल मैं
तुम्हारी अन्तरंग केलिसखी।

यहाँ सब में व्याप्त कृष्ण के साथ सर्वत्र व्याप्त राधा है। दोनों प्रकृति तत्त्व है, परस्पर लीन होते हुए भी अलग-अलग पहचान के साथ। यह है हरित आध्यात्मिकता। यह भौम सदाचार और साकल्यता से निर्मित है। प्रत्येक जीवन में विद्यमान चैतन्य तत्त्व एक होता है। उसे इस पृथ्वी में सामंजस्य के साथ समरसता में द्वन्द्वातीत होकर जीना है, अपने अस्तित्व को बनाये रखते हुए। यही सीख प्रकृति हमें देती है। यह है इस सृष्टि का अर्थ।

प्रकृति एवं स्त्री तत्त्वों से पुरुष का द्वन्द्व

कनुप्रिया में 'इतिहास' के भाग में आकर कृष्ण आधुनिक पुरुष का प्रतीक बनता है। अपनी जड़, लोक संस्कृति और जिन लोकतत्त्वों से वह गठित है, उन सबसे दूर चला जाता है। वह अधिकार एवं ज्ञान की एक नयी संस्कृति के निर्माण का इच्छुक बनता है यानी आधुनिक पूँजीवादी पुरुष सत्तात्मक व्यवस्था की सृष्टि के लिए ज्ञान का गठन कृष्ण करता है। नये शब्दों से गठित नये-नये दर्शनों की भरमार थी आधुनिकता में। वह बिल्कुल यान्त्रिक थी। बोधोदय और औद्योगिकीकरण का सौन्दर्यशास्त्र है आधुनिकता। यह आधुनिकता प्रकृति का उपयोग ही नहीं स्वार्थ के लिए प्रकृति का विनाश भी करती रहती है। यह प्रकृति से मनुष्य का अलगाव है। आधुनिकता में विश्व की सहज अन्विति को मिथ्या कहने का अहंकार है। अलगाववाद के प्रति अनन्य भक्ति, सीमातीत अहंबोध, सभी प्रकार की आध्यात्मिकता से परिहास आदि आधुनिकतावाद के आधारभूत भाव हैं। इसने साहित्य से ज़िन्दगी और प्रकृति को अलग कर दिया। इस प्रक्रिया को डिसिएनचांटमेंट (Disenchantant) कहते हैं। इसकी प्रतिलोमी संस्कृति की सृष्टि करने की कोशिश है इस रचना में।

कनुप्रिया में कृष्ण द्वारा जिस इतिहास की रचना की जा रही है, वह निरर्थक साबित होता है। कुरुक्षेत्र युद्ध के सूत्रधार एवं संचालक कृष्ण राधातत्त्व से दूर दिखाई देता है। विरहिणी राधा इस कृष्ण को देख शंकाकुल होकर सवाल करती है। राधा को लग रहा है कि वह एक सेतु मात्र थी की लीला भूमि और युद्ध क्षेत्र के अलन्ध्य अन्तराल में। राधा ने जिसको जान लिया था वह दूर चला गया। कृष्ण को अब राधा समझ नहीं पाती, क्योंकि कृष्ण की संस्कृति अब नगर की और सत्ता

की ज्ञानी-दबावी संस्कृति है। वह युद्ध एवं हिंसा की है। इस सन्दर्भ में सीमोन द बुआ के 'सेकेंट सेक्स' (Second Sex) का यह विचार समीचीन लगता है—पुरुष सत्तात्मक समाज ने स्त्री और प्रकृति की समानता पहचानकर दोनों का वस्तुकरण कर दिया। इसलिए पुरुष ने स्त्री और प्रकृति को अपनी शक्ति के अधीन कर नयी संस्कृतियों का निर्माण करना शुरू किया। जिस प्रकार पुरुष माँ से अलग होकर उसके शोषण के लिए तैयार हो जाता है, वैसे ही प्रकृति रूपी माँ की गोद में उसके स्नेह एवं लालन-पालन पाकर बड़े होने के बाद उसका शोषण कर लेता है। स्त्री और प्रकृति से भी बढ़कर श्रेष्ठ की सृष्टि करने की व्यग्रता में पुरुष प्रकृति को खाकर औद्योगिक संस्कृति के निर्माण में लग जाता है। विकास का यह पागलपन पुरुष के लिए विस्मृति है। स्त्री और प्रकृति को भूलकर दूर जाने का मार्ग है।" यह पहचान राधा को होती है। यह है इकोफेमिनिज़्म। कामायनी में यह पहचान श्रद्धा को हुई और श्रद्धा ने तब मनु से यह सवाल किया—

मनु! क्या यही तुम्हारी होगी उज्ज्वल नव मानवता?
जिसमें सब कुछ ले लोना हो हत,
बची क्या शवता!

मनु श्रद्धा तत्त्व एवं पृथ्वी तत्त्व को भूलकर आधुनिक जानवरीयता का हिंसात्मक तत्त्व अपनाता है। इधर, राधा अब भी कृष्ण की यादों में उसी प्रकृति की गोद में बैठकर कंकड़, पत्ते, तिनके, टुकड़े चुनती है। उसका आश्चर्य है कि "तुम्हारे महान बनने में/क्या मेरा कुछ टूटकर बिखर गया है कनु!" राधा समझती है कि उनके चरम साक्षात्कार का एक-एक गहरा क्षण अभी कृष्ण, जो इतिहास रच रहा था, उससे बड़ा और सशक्त था।

आज राधा देख रही है कि नन्दगाँव से होकर कृष्ण की युद्धोन्मत्त सेनाएँ गुज़र रही हैं। जिस आम्रवृक्ष की डाल कृष्ण के लिए सबसे प्रिय थी, वह आज युद्ध करने की सुविधा के लिए काटी जायेगी।

आज यह आम की डाल
सदा-सदा के लिए काट दी जायेगी
क्योंकि कृष्ण के सेनापतियों के
वायुवेगामी रथों की
गगनचुम्बी ध्वजाओं में
यह नीची डाल अटकती है। (पृष्ठ 65)

वह गाँव पूर्णतः युद्ध के ख़िलाफ़ है। यहाँ गाँव एवं शहर का द्वन्द्व है। आज सत्ता एवं शहर की प्रतिष्ठा के लिए कितने गाँव उजाड़े जा रहे हैं। पेड़ों को काटकर पारिस्थितिक सन्तुलन बिगाड़ दिया जा रहा है। यह युद्ध पूँजीवाद की सृष्टि है, इससे ग़रीबों का नाश होता है, वे ही विस्थापित होते हैं। कृष्ण का प्रिय गाँव एवं जिस अशोक वृक्ष से उसका अटूट सम्बन्ध है, वह नष्ट होने के भय में है राधा–

और यह पन्थ के किनारे खड़ा
छायादार पावन अशोक वृक्ष
आज खण्ड-खण्ड हो जायेगा तो क्या–
यदि ग्रामवासी, सेनाओं के स्वागत में
तोरण नहीं सजाते
तो क्या सरा ग्राम नहीं उजाड़ दिया जायेगा? (पृष्ठ 65)

कृष्ण का वर्तमान इस लोकजीवन से क्या अनभिज्ञ हो गया? राधा दुःख से विवश हो रही है। अब कृष्ण नगर की भीड़भाड़ और चकाचौध में राधा का प्यार और जिस गाँव ने उसे बनाया उन दोनों को क्या भूल गया। वह निस्सन्देह महान है, लेकिन वह महानता और उसकी अक्षौहिणी सेनाओं का गठन उस लोक जीवन का परिणाम है।

कृष्ण की भाषा बदल गयी है। नये शब्द जो गढ़े गये हैं, वे हैं पाप-पुण्य, धर्माधर्म, न्याय-दण्ड, क्षमाशीलता आदि। ये शब्द कृष्ण के युद्ध सत्य हैं। कृष्ण-राधा की भाषा में ये शब्द नहीं हैं। अब शास्त्रों से लदी हुई अगणित नौकाओं की पंक्ति रोज़ यमुना से जाती है। यह राधा के लिए अपरिचित दृश्य है। धारा में टूटे रथ और जर्जर पताकाएँ बहते आ रहे हैं–

हारी हुई सेनाएँ, जीती हुई सेनाएँ
नभ को कँपाते हुए, युद्ध-घोष, क्रन्दन-स्वर,
भागे हुए सैनिकों से सुनी हुई
अकल्पनीय अमानुषिक घटनाएँ युद्ध की
क्या ये सब सार्थक है
चारों दिशाओं से
उत्तर को उड़-उड़कर जाते हुए।
गृद्धों को क्या तुम बुलाते हो। (पृष्ठ 68)

राधा समझती है कि यह युद्ध अमानुषिक है। हमारी संस्कृति मानवीयता की है। यह युद्ध सार्थक नहीं है। कृष्ण जिस प्रकार नन्दगाँव में भटकी हुई गायों को बुलाता था वैसे लाश से भरी युद्धभूमि की ओर उड़ जाने वाले गिद्धों को बुलाता है। अर्जुन को युद्ध की भाषा, कृष्ण ने गीतोपदेश के ज़रिये सिखा दी। अर्जुन भी उस भाषा से अनभिज्ञ था। कृष्ण और राधा की भाषा तन्मयता और प्यार की है। लेकिन राधा प्रश्न करती है कृष्ण से कि क्या हमारा वह अतीत अर्थहीन था।

आधुनिक सत्ताओं द्वारा निर्मित राजनीति का दुष्परिणाम हैं दो विश्वयुद्ध। उन विश्वयुद्धों की विभीषिकाओं से गुज़रते हुए आधुनिक बुद्धिजीवियों ने युद्ध की निरर्थकता को पूर्णतः समझ लिया। उसकी विनाश लीलाएँ मर्मभेदी हैं। भारती जी ने इस युद्ध की अनावश्यकता को अपने गीतिनाट्य 'अन्धायुग' में कुरुक्षेत्र युद्ध के ज़रिये पेश किया है। वैसे ही 'कनुप्रिया' में भी स्त्री द्वारा ही इस युद्ध का विरोध किया जा रहा है। वन्दना शिवा ने 'Introduction to Eco & feminism' में यों कहा, इकोफेमिनिज़्म नारीवादी, शान्ति और पर्यावरण जैसे कई सामाजिक आन्दोलनों से उभरा है। प्रेमचन्द ने गोदान में यों कहा कि "पुरुषों की रची हुई इस संस्कृति में शान्ति कहाँ है? सहयोग कहाँ है?"

कृष्ण से निकलने वाले शब्द आज राधा को अर्थहीन लगते हैं। कर्म, स्वधर्म, निर्णय, दायित्व जैसे ज्ञान के शब्द आज गली-गली में सुनाई पड़ रहे हैं। अर्जुन ने चाहे कुछ पाया हो, लेकिन राधा को कुछ नहीं।

युद्ध कौन-सा है
और मैं किसके पक्ष में हूँ
और समस्या क्या है
और लड़ाई किस बात की है।

किसी भी युद्ध के लिए किसी प्रकार का ठोस मानवीय कारण नहीं होगा। वह स्वार्थ एवं प्रतिशोध के लिए है। उसका एकमात्र परिणाम शान्ति का भंग और अनेक प्रकार की क्षतियाँ हैं। इस भयानक युद्ध से क्या हासिल किया जाता है। इसमें सही-ग़लत का निर्णय लेना सम्भव नहीं है। राधा कृष्ण के कण-कण से परिचित है। युद्ध-लोभी कृष्ण से वह वाक़िफ़ नहीं है। वह कृष्ण से एक ही शब्द सुनती है, वह है 'राधन'। वह सम्पूर्णता का है, वह निर्द्वन्द्व एवं अभेद का है। जैसे भ्रमरगीत में सूरदास की गोपिकाएँ उद्धव को सगुण का पाठ पढ़ा देती हैं। निर्गुण से वे बिल्कुल अज्ञ हैं, वैसे राधा युद्ध से। दोनों सन्दर्भों में गाँव एवं शहर का द्वन्द्व खड़ा कर दिया गया है।

राधा ज़ोर से यह कहना चाहती है कि कृष्ण का इतिहास युद्ध से नहीं बल्कि 'राधा' से अथवा राधातत्त्व से ही बनना है।

शब्द, शब्द, शब्द
तुम्हारे शब्द अगणित हैं कनु-संख्यातीत
पर उनका अर्थ मात्र एक है—
मैं
मैं
केवल में। (पृष्ठ 72)

कृष्ण के अनेक शब्दों में केवल एक ही शब्द सार्थक है, वह 'राधा' शब्द है, वह समस्त लोक की तन्मयता का शब्द है।

प्रकृति और स्त्री केन्द्रित संस्कृति की चिरन्तनता

राधा के समुद्र के स्वप्न में आधुनिक युद्धोन्मुख संस्कृति की पराजय और जिस नयी संस्कृति की कल्पना करती है, वह एक स्त्री की समझ का परिणाम है। इसमें कृष्ण कभी मध्यस्थ होकर, कभी तटस्थ होकर कभी युद्धरत होकर दिखाई देता है। यह आधुनिकता की द्वन्द्वात्मकता का प्रतीक है। यहाँ समुद्र देश का प्रतीक है। वह विषभरा और फेनिल है, मछलियाँ निर्जीव और सीपियाँ निष्फल हैं। लहरें नियन्त्रणतीत हैं। कृष्ण समुद्र के तट पर खड़े होकर बाँहें फैला कर कुछ कह रहा है। लेकिन कृष्ण को कोई सुनता नहीं है। युद्ध ने इतनी भयानकता पैदा की है कि लोग किसी के वश में नहीं हैं। कृष्ण की अर्थहीन दार्शनिक व्याख्याएँ जनता के कानों पर नहीं पड़तीं। जनता को चाहिए मानवीयता एवं शान्ति का लेप। राधा ने सपने में देखा कि कृष्ण पराजित होकर राधा के वक्षों पर गहरी नींद में सो गया है। यहाँ मोहन राकेश के 'आषाढ़ का एक दिन' के कालिदास की वापसी स्मरणीय है। सत्ता और राजनीति से निराश होकर मल्लिका की खोज में वापस आना। मल्लिका जो है वह ग्रामीण जीवन की सृष्टि है। जिसने भावना में भावना का वरण किया था। कृष्ण का सो जाना समाधि है, लेकिन जागरण स्वप्न, छलना और मिथ्या है। यह जागरण ज्ञानोदय का परिणाम है। इसी वजह से युद्ध हुआ। इस युद्ध में कई शब्द गूँज उठे उन्हें कसने की कसौटी का पता किसी को नहीं।

न्याय-अन्याय, सद्-असद्, विवेक-अविवेक,
कसौटी क्या है? आख़िर कसौटी क्या है? (पृष्ठ 75)

राधा इस युद्ध का विरोध पूर्णतः करती है। धर्माधर्म की जो व्याख्या हुई, उसका भी कोई अर्थ नहीं दिखायी देता है। पैताने स्वधर्म है, वह पाण्डव है तो सिरहाने अधर्म है वह कौरव है। राधा ने सपने में देखी कृष्ण की पराजय। क्योंकि कनु का यह वर्तमान कृष्ण और राधा के तन्मय क्षणों की कथा से अलग है। लेकिन वह कृष्ण उन एक छोटे से छौने की भाँति राधा के पास आ गया। वह बालू पर अपने पगचिह्न बनाने के करुण प्रयास में था। रक्त का वह इतिहास सबको शतृ समझने वाला है, उसे कृष्ण का इतिहास बनने नहीं देती राधा। राधा ने पहचान लिया कि कृष्ण ने असफल इतिहास को जीर्ण वसन की भाँति त्याग दिया है। अन्त में वह राधा के लिए भटकता है।

यहाँ राधा का विवेक है नयी संस्कृति का आधार। वह विवेक प्रकृति के कण-कण से निर्मित स्त्री तत्त्व है। उसके बिना कृष्ण द्वारा निर्मित इतिहास सही इतिहास नहीं बनेगा। हमारे बीच में इतिहास सम्बन्धी यह भ्रम चालू है कि वह राजा महाराजाओं की वीरता, युद्ध, साम्राज्यमोह, शासन एवं राजनीतिक षड्यन्त्र है, लेकिन वह असल में रक्त से रंजित इतिहास है। हमें उस इतिहास को महिमामण्डित करने वाली संस्कृति की हिमायती करना नहीं चाहिए। राधा की सचेतनता इस में जाहिर है कि लोग यह न कहे कि कृष्ण के तन के नशीले संगीत की लय बनकर रह गयी...।" लोगों के बीच में यह धारणा व्यापक है कि राधा कृष्ण की प्रेमिका मात्र थी, वह प्रेम भी शरीर तक सीमित था। लेकिन राधा का यह उद्‌गार सबसे ज़्यादा इस रचना में विचारणीय है—

बना मेरे कोई भी अर्थ-कैसे निकल पाता
तुम्हारे इतिहास का
शब्द, शब्द, शब्द...।
राधा के बिना
सब
रक्त के प्यासे
अर्थहीन शब्द। (पृष्ठ 82)

कृष्ण द्वारा जो इतिहास निर्मित होनेवाला है वह अर्थहीन संस्कृति का है। वह हिंसात्मक है। राधा तत्त्व अहिंसा का है। हमें उस संस्कृति से निर्मित इतिहास

चाहिए। इसलिए उस संस्कृति की रूपायिति के लिए पगडण्डियाँ के कठिनतम मोड़ों पर कृष्ण की प्रतीक्षा में वह अडिग खड़ी होती है। कृष्ण को उस हिंसात्मक संस्कृति से लोक संस्कृति की ओर ले आने का दायित्व राधा ख़ुद का समझती है। यद्यपि वह कठिन तपस्या थी तथापि उसको निभाना लोकरक्षा के लिए अनिवार्य दीख पड़ता है। कामायनी में जिस प्रकार मनु को उभारने का गुरु गम्भीर दायित्व श्रद्धा तत्त्व ने निभाया वैसे ही राधा प्रतीक्षा में है परिवर्तन लाने की।

अमेरिकी फेमिनिस्ट शोरी आटनर ने कहा कि संस्कृति के लिए प्रकृति के समान है, पुरुष के लिए स्त्री (Is female to male as nature is to culture) यहाँ इकोफेमिनिज़्म का बीज अन्तर्निहित है। इस सवाल का जवाब कनुप्रिया में पर्दाफ़ाश किया गया है। चीन के दर्शन तावोयिसम में जो यिन (Yin) और यांग (Yang) है, उसने स्त्री और पुरुष को परस्पर पूरक माना है। मतलब इस संसार की सारी घटनाओं के पीछे ये दोनों शक्तियाँ काम करती हैं। इन शक्तियों में आने वाला असन्तुलन प्रकृति के असन्तुलन की वजह बनता है। वही तत्त्व है भारतीय शिवपार्वती में और विष्णु-लक्ष्मी में।

कृष्ण-राधा की यात्रा अनन्त काल से चलती आ रही है, यह कभी भी समाप्त होने वाली नहीं है, क्योंकि वे प्रकृति तत्त्व का पूरक एवं समवेद हैं। इनकी यात्रा की समाप्ति का मतलब इस विराट प्रकृति का विध्वंस है। इसलिए राधा कहती है—

मैं तो वह हूँ जिसे दिग्वधू कहते हैं, कालवधू—
समय और दिशाओं की सीमाहीन पगडण्डियों पर अनन्त दिशाओं में
तुम्हारे साथ-साथ चलती चली आ रही हूँ, चलती चली जाऊँगी—
इस यात्रा का आदि न तो तुम्हें स्मरण है मुझे
और अन्त तो इस यात्रा का है ही नहीं मेरे सहयात्री!

इस समारस्य की संस्कृति को साथ लेने वाली राधा यह चेतावनी देती है कि प्रकृति और स्त्री केन्द्रित संस्कृति ही शाश्वत है। वह चिरन्तन वर्तमानता का है। वह है कनुप्रिया की सार्थकता।

कनुप्रिया : 'सार्थकता क्या है साथी!'

चन्द्रकला त्रिपाठी

धर्मवीर भारती की इस कृति में कृष्ण प्रिया राधा ही कनुप्रिया हैं, राधा, कृष्ण की वह राधा जो महाभारत के कृष्ण की गति और नियति तथा उस इतिहास को समझने का आधुनिक आयाम हैं। इस खण्डकाव्य सरीखी कृति में धर्मवीर भारती पुनः महाभारत का भिन्न परिप्रेक्ष्य लेकर आये हैं। यहाँ भी कृष्ण को घेरने वाले सवाल हैं मगर वे कृष्ण के बदल जाने के सन्दर्भ को देखना और समझना चाहते हैं। राधा चकित सम्भ्रमित हैं उनके बदले हुए मन और संकल्प को देख कर। उन्हें वहाँ उन्हें बाँहों में गूँथ कर सम्पूर्ण बना देने वाले कनु के बजाय शक्ति संरचनाओं से संलग्न प्रभुता में तिरोहित हुए कृष्ण दिखाई देते हैं। देखा जाये तो ये एक अनुरागी मन के चकित थकित प्रश्न हैं। राधा के वे प्रश्न जो प्रणय की गहरी प्रतीति के भीतर से निकले हैं।

इस तरह यहाँ प्रमुख स्वर राधा का है। वह महाभारत के इतिहास नियन्ता महान कृष्ण की महानता से आक्रान्त नहीं है। 'अन्धा युग' में गान्धारी ने भी कृष्ण की प्रभुता और परात्परता से अप्रभावित रहते हुए उनके पक्ष को सर्वथा न्याय का पक्ष नहीं माना था। गान्धारी के अलावा युयुत्स और अश्वत्थामा भी थे वहाँ और शक्ति सत्ता की संरचनाओं के भीतर गुँथे हुए सत्य की टोह ले रहे थे। ये किरदार भी कृष्ण की महानता से अप्रभावित थे। यह यथार्थवादी नज़रिये की विशिष्टता है जो नयी कविता के दौर के कवियों का मिथकों के प्रति उनकी प्रचलित छवि से असंलग्न व्यवहार तय कर रही थी। यह आधुनिक युग को, उसकी ऐतिहासिक गति को समझने का एक आयाम था।

'अन्धा युग' में धर्मवीर भारती ने आधुनिक युग और मनुष्य की जटिलता को रूपायित करने के लिए महाभारत के युद्ध प्रसंग को अर्थवान रूपक के रूप में विकसित किया। 'अन्धा युग' के व्याख्याकारों को उसमें नयी कविता की

व्यक्तिवादिता का असर दिखाई दिया था, जबकि उस कृति में युद्ध को एक विघटनकारी परिघटना के रूप में देखा गया। उस काव्यनाटक की मूल ज़मीन भी शक्तिसंरचनाओं में खप गये व्यक्तित्वों के क्षरण और विघटन को उद्घाटित कर रही थी। 'कनुप्रिया' में यह ज़मीन अलग रंग में अवतरित हुई है। यह प्रेम का रंग है। राधा महाभारत के कृष्ण में अनुराग की स्मृति से ख़ाली कूटनीतिज्ञ चतुर चौकस कृष्ण को देखती है। उस कृष्ण में राधा के राग का लास्य, सौन्दर्य और जवाबदेही रंच भर नहीं है। बाँहों में गूँथने वाले उस अनुरागी ने अपने अनुरक्त क्षणों की संगिनी को इतिहास में गूँथने की ज़रूरत नहीं समझी है। यह राजनयिक कृष्ण जहाँ है, वहाँ राधा नहीं हैं। कृष्ण की यह विभाजित स्थिति सत्ताओं में खप जाते मनुष्य की कमज़ोर पड़ती मानवीय नियति का उदाहरण बन जाती है। राधा इसी जटिलता को भेदती है।

महाभारत के कृष्ण के बदले हुए रंग-ढंग को केवल वैयक्तिक नहीं बल्कि व्यापक आयाम लेकर कनुप्रिया जाँचती है। उसे प्रेम के विच्छिन्न होकर छूट जाने की स्थिति को लेकर गहरा अचरज है। वह बार-बार कहती है—क्यों?

कैसे?
किसलिए?
और किसके लिए? और यह भी कि—
कौन है जिसके लिए तुमने
महासागर की उत्ताल भुजाएँ
फैला दी हैं।

प्रेम और भरोसे से रची हुई प्रिया स्वयं को कृष्ण की केलि सखी कहती है। यह केलि प्रसंग जीवन का सार्थक अविभाज्य सन्दर्भ क्यों नहीं है, उसे समझ में नहीं आया। पूछती है वह—

सुनो कनु सुनो
क्या मैं सिर्फ़ एक सेतु थी तुम्हारे लिए
लीला भूमि और युद्ध क्षेत्र
के अलंघ्य अन्तराल में
... ...
तुम्हारे महान बनने में
क्या मेरा कुछ टूट कर बिखर गया है कनु!

प्रिय से सम्बन्ध की प्रगाढ़ता की अनगिनत यादें प्रवाह बन कर घेरती हैं उसे। वह अपने प्रेम के अन्तरंग प्रसंगों का साक्षात्कार करती है। समझना चाहती है कि जो इतना गहरा था, गूढ़ था, व्याप्त था और उन्मुक्त था वह निरूशेष कैसे हो गया। कनु में ऐसी विस्मृति कैसे सम्भव हुई।

कहती है यह–

गर्व कर बावरी!
कौन है जिसके महान प्रिय की अट्ठारह हज़ार अक्षौहिणी सेनाएँ हों।

बहुत गहरा व्यंग्य है यह। प्रेम को युद्धोन्मादी सत्ता का सामना कराने वाला व्यंग्य।

कनुप्रिया अपनी संरचना में तीव्रतम आवेग से भरपूर है। इंटेंस है यह। यह इसका मज़बूत काव्यमूल्य है। इस काव्य प्रयोग में भारती जिस मूल्य को दोहराते हुए मिथक की पुनर्रचना करते हैं, वह है चरम तन्मयता का क्षण। यहीं अटकी है कनुप्रिया। वह कृष्ण के जीवन का उन्मुक्त राग पक्ष है। भारती इसे ऐसे ही देखना चाहते हैं। वे इस राग पक्ष की महत्ता के सन्दर्भ से कृष्ण के व्यक्तित्व की प्रचलित सम्पूर्णता की क्षरित स्थिति को आधुनिक मनुष्य की नियति की तरह रच रहे थे। अन्धा युग में गान्धारी के सवालों का सन्दर्भ भी प्रायः यही था।

'कनुप्रिया' में कृष्ण महाभारत के वे कृष्ण हैं, जो उसके लिए इतिहास द्वारा चुन लिये गये हैं। वे उस नियति में है जो उन्हें अपने प्रवाह में बदलती है या रचती है। 'अन्धा युग' और 'कनुप्रिया', इन दोनों कृतियों में धर्मवीर भारती मनुष्य की नियति के भारीपन के असर में दिखाई देते हैं। कृति के भीतर इस विचार के प्रतिफलन के कई सन्दर्भ हैं।

अन्धा युग जैसी कृति में गान्धारी के सवाल उसी कृष्ण को सम्बोधित हैं, जो महायुद्ध में एक पक्ष है। प्रचलित यही है कि वह न्याय का पक्ष है। वहाँ उठे प्रश्न उन्हें न्याय अन्याय की धार पर परखते हैं। यह भी आधुनिक मनुष्य से सम्दर्भित अनुभव बोध और भिन्न मूल्यचेतना का वह पक्ष है जो जटिल प्रक्रियाओं से सम्बन्धित है। यहाँ कृष्ण के व्यक्तित्व की कोमलता, रस राग और प्रगाढ़ता सब कपूर की तरह तिरोहित हैं।

कनुप्रिया में यही है जो कठिन कसौटी की तरह मौजूद है। राग अनुराग और गहरी तन्मयता में बसी हुई राधा के लिए वह जीवन का अनमोल आधार है। सम्पूर्णता है वह।

कनुप्रिया में पूर्वराग, मंजरी परिणय, सृष्टि संकल्प, इतिहास और समापन जैसे शीर्षकों में प्रेम और युद्ध के उत्कट अनुभवों के रंग हैं। कनुप्रिया की नज़र से देखे जा रहे कृष्ण हैं।

मंजरी परिणय तक गीतों में प्रेम भरपूर होकर आया है। यह रहस्यमय भी है।

'कनुप्रिया' किसी स्तर पर आधुनिक मनुष्य के सवालों से जुड़ती है या नहीं, यह भी एक पहलू है, जिसके सन्दर्भ में इसे समझना होगा। नयी कविता ने छायावादी काव्य प्रवृत्तियों का तिरस्कार किया और यथार्थ बोध से बदलती संवेदना तथा भाषा का पहलू सामने आया। कहीं गहरे इसे छायावादी भाववाद से मुक्त करने के अर्थ में भी लक्षित किया गया था। इस प्रयत्न को अथवा सायासता को उस दौर की कई कविताएँ कह भी रही थीं। छायावादी रुमान से मुक्त होने का यह सन्दर्भ अज्ञेय की चर्चित कविता कलगी बाजरे की में आया है–

'अगर मैं तुमको ललाती साँझ की तारिका अब नहीं कहता
या शरद के भोर की नीहार न्हाई कुई टटकी कली चम्पे की
वगैरह।'

मुझे याद है कि रामस्वरूप चतुर्वेदी ने इस वग़ैरह में आधुनिक दृष्टि का वह तेवर देखा था जिसमें एंटीरोमेंटिक तत्त्व था। बहरहाल, धर्मवीर भारती के लिए भी आधुनिकता के भीतर मनुष्य के संकट को पहचानने की और सामाजिक विच्छिन्नता से उभरने वाले संकट, व्यक्तित्व विभाजन आदि के प्रतिफलन के सन्दर्भ में पहचानने की बात ज़ोर पकड़ रही थी। यथार्थवादी दृष्टि के लिए आग्रह भी था, मगर रुमानियत का गाढ़ा सत्व उनकी रचनाओं में अन्तर्प्रवाही रूप में मौजूद रहा है। प्यार की छायावादी अतीन्द्रियता से अलग बहुत ऐन्द्रिक होकर आया है यह। कनुप्रिया में देह अक्सर जिस्म होकर आयी है, यह राधा का ही नहीं कृष्ण का भी जिस्म है, जिसमें जिस्मानी आवेगों को खुल कर खेलने दिया गया है। रुह की मौजूदगी नहीं है ऐसा नहीं है, मगर उत्कट लालसा के रंग गाढ़े हैं। यह ख़ासियत है इस कृति की। प्रेम संवेगों में रीतिकवियों के कई मिलन, इशारे बोलते हैं। ख़ासकर बिहारी और घनानन्द के। मंजरी परिणय में जन्म जन्मान्तर की प्रणय लीला का प्रगाढ़ उमड़ आया है। घनानन्द जैसे रीति कवियों का चरम एन्द्रिक तरल रंग इन प्रसंगों में झाँक गया है। यहीं हमें मन और शरीर के बीच छिड़ा हुआ आवेगमय द्वन्द्व भी दिखाई देता है जिस में मधुरता है आतुरता है, उत्सुकता है और एक दूसरे को पराजित कर देने की गति है तो एक ऐसी रहस्यमयता है,

जिसमें बेबसी का उदासी का और वेदना का भी एक रंग है। यहाँ चित्रित प्रेम बहुत प्रकृत है जिसके चारों ओर बसन्त हैं आम्र मंजरियों की गाढ़ी गन्ध इस प्रेम की ऐन्द्रिकता को बहुत बढ़ा देती है। राधा की अलग विलस अनुभूति में एक अपरिचित संशय और अज्ञात भय भी शामिल है। धर्मवीर भारती को लगा है कि उन्हें अध खिले कमल का, पगडण्डियों का अर्थ भी खोलते चलना है। यहीं राधा कहती है, मेरा जिस्म जिस्म नहीं है सिर्फ़ एक पुकार है। इस तरह हमें यहाँ वह तन्मयता दिखाई देती है जो शरीर अशरीरी है सूक्ष्म और ऐन्द्रिक है। यहाँ स्त्री पुरुष के एक दूसरे के भीतर घूमते प्रेमज्चार का रंग है। राधा के लिए तो यही सार्थक है।

दूसरी तरफ़ इस सबके विरुद्ध का कठोर कठिन भाव है। 'कनुप्रिया' के कृष्ण में युद्ध मनुष्य को शक्ति के 'अतिरिक्त' में निर्मित कर रहा है। यह वह पॉवर है जिसके चारों तरफ़ शक्ति संरचनाएँ होती हैं। राधा ने कनु को वहाँ देखा है।

यह वह जगह है, जब कृष्ण अर्जुन को युद्ध से सम्बन्धित निर्देश दे रहे हैं। जिस युद्ध से सेनाएँ हत्याएँ और विनाश चल पड़ते हैं और जो पौरुष को दूसरे उन्माद में परिभाषित करता है। जहाँ कुछ रचा नहीं जाता है, बल्कि सब कुछ नष्ट होता है। राधा उस दृश्य और संवाद को अपने रागबोध की ज़मीन पर बदल कर सुनती है। यह जैसे उसका हठ है। उसे ऐसे सुनती है वह—

तुम्हारा साँवरा लहराता हुआ जिस्म/तुम्हारी किंचित मुड़ी हुई शंख ग्रीवा/ तुम्हारी उठी हुई चन्दन बाँहें/तुम्हारी अपने में डूबी हुई अब अधखुली दृष्टि/धीरे धीरे हिलते हुए तुम्हारे जादू भरे होठ/

... ...

अर्जुन की जगह मैं हूँ /कर्म स्वधर्म निर्णय दायित्व /मुझ तक आते-आते सब बदल गये हैं /मुझे सुन पड़ता है केवल /राधन राधन राधन

इस तरह धर्मवीर भारती 'कनुप्रिया' में आधुनिक दुनिया के संकट में एक बड़ी रिक्ति को प्रमुखता से समझते और समझाते पाये जाते हैं, वह है उसका मानवीय राग से ख़ाली हो जाना। याद कीजिए जयशंकर प्रसाद की 'कामायनी' को। मनु भी ऐसे ही मानवीय करुणा और हार्दिकता से ख़ाली हुआ है और सत्ता मद में निरंकुश है। ठीक वैसे ही नहीं मगर एक स्तर पर कृष्ण भी बदल गये हैं। उनकी प्रिया राधा अपनी अनुरक्ति प्रणय और समर्पण के प्रगाढ़तम असर का ऐसे बिसर जाना समझ नहीं पाती। पूछती तो है कि कैसे हुआ यह और यह भी कि कैसे हो जाता है ऐसा?

उसे इतिहास नियन्ता हुए कृष्ण की छवियों में भर आया ख़ालीपन दिख रहा है। कहती है वह–

टूटा है म्लान है/दुगुना सुनसान है/
ख़ाली दर्पण में धुँधला सा एक प्रतिबिम्ब है/

वह यह भी कहती है कि

मन्त्र पढ़े बाण से छूट गये हो तुम तो कनु/ शेष रही मैं केवल काँपती प्रत्यंचा सी/मेरी बाँहों से इतिहास तुम्हें ले गया/उजड़े हुए कुंज/ रौंदी हुईं लताएँ /आकाश पर छाई हुई धूल/क्या तुझे यह नहीं बता रही हैं/आज उस राह से कृष्ण की अट्ठारह अक्षौहिणी सेनाएँ/युद्ध में भाग लेने जा रही हैं/छुपा ले अपने आहत प्यार को/आज इस गांव से द्वारका की युद्धोन्मत सेनाएँ गुज़र रही हैं।

फिर पूछती है वह–सार्थकता क्या है बन्धु?

यह सवाल, संशय या कि प्रेम विरह सब कृष्ण की थाह भर के लिए नहीं हैं। यह अनायास नहीं है कि कृष्ण यहाँ कनु हैं। वह अपने राग की सार्थकता का बल लेकर कूटनीतिज्ञ, शासक, इतिहास नियन्ता को अपने केलिसखा, लीला संगी होने के पाले में रखना चाहती है। धर्मवीर भारती इन विरोधी स्थितियों को उनकी इंटेंसिटी के साथ रचते हुए दिखाई देते हैं। चरम तन्मयता के क्षण के वजन के लिए कवि का आग्रह समझ में आता है। उनके लिए यह क्षण वाह्य इतिहास के सारे ताम-झाम से भारी है।

'चरम तन्मयता का क्षण जो एक स्तर पर सारे बाह्य इतिहास की प्रक्रिया से ज़्यादा मूल्यवान सिद्ध हुआ है। यह क्षण है, जो सीपी की तरफ़ खुल गया है। इस तरह की समस्त वाह्य अतीत वर्तमान और भविष्य सिमट कर उस क्षण में पूँजीभूत हो गया है और हम हम नहीं रहे! 'कनुप्रिया' कृष्ण को घेरने वाली इतिहास की दुर्दान्त गति का उल्लेख करती है।

यहाँ जो राधा हैं, प्रश्न उनके राग अनुराग के भरपूर भरोसे से उठे हैं। वहाँ केवल प्रेम पर भरोसा नहीं है, कनु पर भी है और बहुत गहरा है। यह प्रतीति वहाँ है कि

'क्या तुमने मुझसे ही मेरी माँग भरी थी/कि तुम अपने लिए नहीं मेरे लिए मुझे प्यार करते हो/...।

मुझे अकस्मात लगा है कि मेरे अंग अंग से ज्योति फूटी पड़ रही है/ तुम्हारी शक्ति तो मैं ही हूँ/तुम्हारा सम्बल/तुम्हारी योग माया/इस निखिल पारावार में मैं ही परिव्याप्त हूँ/विराट सीमाहीन अदम्य दुर्दान्त/ और तुम्हारी सम्पूर्ण इच्छा का अर्थ हूँ/केवल मैं/केवल मैं/केवल मैं।

कनुप्रिया आत्मसाक्षात्कार के क्षणों में असमंजस में भी है। यह असमंजस, संशय, दुविधा भी,ये सब आधुनिक मनुष्य के अन्तर्जगत की जटिलता के निशान हैं। राधा में ये उभरे दिखायी देते हैं। मुत्मइन नहीं है वह। सम्पूर्ण सृष्टि में अपनी विराटता, व्याप्ति ऊँचाई गहराई सब देखती हुई वह कह उठी है कि

तो मुझे भय क्यों लगता है?/इस सृष्टि में मैं हूँ तुम हो सुनो मेरे बन्धु/ अगर यह निखिल सृष्टि/मेरा लीला तन है तुम्हारे आस्वादन के लिए/तो यह जो भयभीत है वह छाया तन किसका है/ किस लिए है मेरे मित्र!

अपनी आवेगमयता में खण्डिता-सी लगती नायिका का आधुनिक प्रश्नाकुल व्यक्तित्व रचने वाली यह कृति इतिहास के रुखे रूप से जीवन के प्रगाढ़तम भावों के पक्ष में उत्तर चाहती है। उस अन्तरंग की सार्थकता के निशान खोजती हुई।

कनुप्रिया : पुरानी कथा में नयी दृष्टि और आधुनिक परिप्रेक्ष्य

डॉ. अजीत प्रियदर्शी

भारतीय परम्परा में अत्यन्त लोकप्रिय राधा-कृष्ण के प्रणय-प्रसंग और महाभारत युद्ध के पौराणिक सन्दर्भ को लेकर धर्मवीर भारती ने 1959 ई. में अपनी बहुचर्चित काव्य कृति 'कनुप्रिया' की रचना की। इस कृति का आधार मिथक है, जो राधा-कृष्ण के प्रेम और महाभारत की कथा से सम्बद्ध है। कृष्ण के प्रेम में चरम तन्मयता के क्षणों में डूब कर सार्थकता प्राप्त करने वाली कनुप्रिया (राधा) महाभारत युद्ध के महानायक कृष्ण के वर्तमान रूप से चकित है। उनके नायकत्व से वह अपरिचित है और 'महाभारत युद्ध' के नायक के रूप में अपने से दूर चले जाने से व्यथित है। भावाकुल तन्मयता के गहरे क्षणों में उसे तो अब भी कृष्ण केवल प्रणय की बातें करते दिखाई देते हैं। कनुप्रिया अर्थात् कन्हैया की प्रिय सखी राधा को लगता है कि जीवन में प्रेम त्यागकर युद्ध का अवलम्ब करना निरर्थक बात है।

वैयक्तिक संवेदना से उपजा हुआ अनुभव ही सत्य है या 'सत्य' के लिए अधिक व्यापक, अधिक वस्तुन्मुखी, अधिक युक्तिसंगत मूल्य श्रेणी भी मानदण्ड के रूप में अपेक्षित है? यह एक ऐसा प्रश्न था जो प्रायः 1947 के बाद हिन्दी के विचारकों को सालता रहा। प्रगतिवादी विचारधारा और नयी कविता के बीच यह एक संघर्ष का आरम्भ-बिन्दु था। अतिरेक दोनों ओर हो गया। डॉ. धर्मवीर भारती में एक सन्तुलित भूमिका मिलती है। वैयक्तिक संवेदना की वाह्य जीवन में उपेक्षा का काव्यात्मक स्तर पर अंकन भारती जी ने बाद में 'कनुप्रिया' में किया है।[1] युद्धजनित वातावरण की विभीषिका में 'प्रेम' की उपयोगिता एवं 'क्षण' का महत्त्व सिद्ध करती हुई 'कनुप्रिया' सहज मन से जीवन जीने में ही जीवन की सार्थकता का अनुभव करती है।

धर्मवीर भारती ने 'कनुप्रिया' में राधा-कृष्ण के प्रणय-प्रसंग और महाभारत युद्ध के पौराणिक प्रसंग के सहारे आधुनिक मानव की युद्धोत्तर मनःस्थिति में प्रेम की उपयोगिता और महत्ता को उद्घाटित करने का प्रयास किया है।

'कनुप्रिया' का कथानक पाँच खण्डों में विभक्त है–'पूर्वराग', 'मंजरी-परिणय', 'सृष्टि-संकल्प', 'इतिहास' और 'समापन'। **'पूर्वराग'** में राधा-कृष्ण के संग-सान्निध्य की कैशोर्य सुलभ मनःस्थितियों, आकर्षण और रागजन्य भावाकुल मनःस्थितियों, लज्जा और मिलन की स्मृतियों में राधा की तन्मयता के क्षणों का चित्रण है। **'मंजरी परिणय'** में राधा-कृष्ण के प्रेम की अनन्यता का सुन्दर परिचय मिलता है। कनुप्रिया या राधा सहज मन की कसौटी पर कृष्ण के साथ बीते चरम तन्मयता के क्षणों को स्मृति में जीती है और उन्हीं भावाकुल तन्मयता के क्षणों में वह अपने सखा कृष्ण की सभी लीलाओं की अनुभूति करती है। अपने भावाकुल और चरम तन्मयता के क्षणों में राधा स्वयं को कृष्ण की जन्म-जन्मान्तर की रहस्यमयी लीला-संगिनी मानती है। यहाँ राधा की भावाकुल मनःस्थिति का चित्रण हुआ है। 'पूर्वराग' और 'मंजरी-परिणय' में राधा की तन्मयता, भावाकुलता तथा चरम तन्मयता का निरूपण करना कवि का अभिप्रेत रहा है। धर्मवीर भारती स्वयं 'पूर्व कथन' में स्वीकार करते हैं कि "कनुप्रिया की सारी प्रतिक्रियाएँ उसी तन्मयता की विभिन्न स्थितियाँ हैं।"[2]

'सृष्टि-संकल्प' में राधा ख़ुद को कृष्ण की सृजन-संगिनी के रूप में अनुभव करती है और उसे 'निजता का बोध' होता हैं। उसके इसी भाव का विस्तार 'आदिम भय' में हुआ है। एक अनजाने, आदिम भय के बावजूद, निखिल सृष्टि के कर्ता कृष्ण की सृजन-संगिनी के रूप में वह एक ओर शास्त्रीय शैली के ब्रह्मज्ञान, कृष्ण की 'आह्लादिनी शक्ति' का रहस्य खोलती है, तो दूसरी तरफ़ परम्परित 'युगल-विलास' और रीतिकालीन 'केलिसखी' के रूप में अपने मिलन के उद्दाम क्षणों की स्मृति में आज भी जीती है। कृष्ण की 'केलिसखी' और उनके प्रेम में समर्पणमयी राधा वस्तुतः, स्वकीया वैष्णव संस्कार की युगल आराध्य-भावना में पल्लवित-पुष्पित, कृष्ण की मूल 'कान्ता-शक्ति' और उसका 'युगल-विलास' है।

'इतिहास' खण्ड में प्रियतम कृष्ण से विछोह के बाद विरहिणी राधा की वेदना मुखरित हुई है। आम्र-कुंज में अपने पूर्वराग के स्मरण से मन के ज़ख़्मों को हरा करती विदग्धा राधा की वेदना है। उसे लगता है कि कृष्ण का सारा प्रेम, उनका किया गया प्रेमपूर्ण क्रियाकलाप, उसका रचा हुआ सम्मोहन या इन्द्रजाल ही था। राधा को लगता है कि कृष्ण ने लीला क्षेत्र से युद्ध-क्षेत्र की यात्रा के लिए उसे

'सेतु' की तरह इस्तेमाल किया है। अनहोनी की आशंका से ग्रस्त कनुप्रिया अपने भावस्तर अथवा तन्मयता के क्षणों से युद्ध की 'अमंगल छाया' की आहट पा लेती है। क्योंकि राधा स्मृति-शेष प्रणय के चिह्नों को उजड़ते हुए देखती है और उनकी जगह युद्ध सम्बन्धी घटनाओं को घटित होती हुई देखती है।

'अमंगल छाया' में राधा के दो रूप दिखाई देते हैं। राधा के **'अवचेतन मन'** में बैठी राधा उसके **'चेतनावस्था'** में स्थित राधा को सम्बोधित करती है कि कनु से मिलने जिस राह से तू लौटती थी बावरी! आज उस राह से न लौट! क्योंकि आज उस राह से कृष्ण की अट्ठारह अक्षौहिणी सेना युद्ध में भाग लेने जा रही है। हे कनुप्रिया! कनु के साथ तुमने जो तन्मयता के गहरे क्षण बिताये थे, उन्हें आज कनु भूल चुके हैं। महाभारत युद्ध के महानायक बनने के चक्कर में इस समय कृष्ण को केवल अपना वर्तमान काल अर्थात् महाभारत का निर्णायक युद्ध ही याद है। जीवन में प्रेम के चरम तन्मयता के क्षणों को सार्थक और मूल्यवान समझने वाली राधा, अपने प्रियतम कृष्ण द्वारा अपने प्रेमपूर्ण स्मृतियों को भुलाकर तथा उसे अकेला छोड़कर महाभारत युद्ध के महानायक बनने के लिए उद्यत होने के कारण, अत्यन्त व्यथित है।

राधा 'समुद्र-स्वप्न' में कनु की युद्ध से खिन्नता विषयक 'स्वप्न' (फेंटेसी) देखती है। इसमें कवि ने रूपक द्वारा दिखाया है कि दायित्व के निर्वहन के लिए इतिहास गतिशील होता है और इतिहास की गतिशीलता के लिए युद्धों की विभीषिका, प्रलय और संहार भी सहना पड़ता है। यहाँ युगबोध की दृष्टि से राधा द्वारा युद्ध के औचित्य-अनौचित्य के प्रश्नों पर विचार किया गया है। राधा अवचेतन मन से देखती है कि महाभारत युद्ध की विभीषिका और सम्पूर्ण संघर्ष झेलने के बाद कृष्ण असफल इतिहास को जीर्ण वसन के समान त्याग कर राधा की आकांक्षा करते हैं। राधा के समुद्र-स्वप्न के इस बिन्दु से ही 'समापन' आरम्भ होता है, जिसमें जीवन में 'प्रेम' और 'युद्ध' में से एक के चुनाव सम्बन्धी विकसित प्रश्न का समाधान व्यंजित है। न्याय-अन्याय, सद्-असद्, विवेक-अविवेक, धर्म-अधर्म, स्वधर्म और दायित्व की व्याख्या करने वाले योगेश्वर कृष्ण महायुद्ध की विभीषिका और त्रासदी से श्रान्त, क्लान्त, उदास और खिन्न होकर जब राधा को पुकारते हैं, तब वह सब छोड़-छाड़कर, युद्ध से प्रेम की राह पर कृष्ण के लौटने की राह में खड़ी हो जाती है। 'समापन' में अपने प्रियतम कनु (कृष्ण) के लिए अडिग प्रतीक्षारत राधा के वचन हैं, "मैं पगडण्डी के कठिनतम् मोड़ पर/ तुम्हारी प्रतीक्षा में/अडिग खड़ी हूँ, कनु मेरे!"

धर्मवीर भारती ने 'कनुप्रिया' काव्य में राधा के माध्यम से आधुनिक मानव की व्यथा को शब्दबद्ध किया है। प्रियतम कृष्ण के साथ चरम तन्मयता के क्षणों में डूब कर ही कनुप्रिया ने जीवन की सार्थकता पायी है। उसके लिए जीवन में प्रेम ही सर्वोपरि है। इसलिए वह जीवन में सभी व्यक्तियों और समस्त घटनाओं को केवल प्रेम की कसौटी पर ही कसती है। राधा के मन के विश्लेषण के रूप में धर्मवीर भारती ने 'कनुप्रिया' की रचना की है। इसलिए इसमें राधा की प्रधानता है, राधा-भाव की प्रधानता है। लेकिन राधा के स्वगत कथनों, स्मृतियों, स्वप्नों, संवादों और मनःस्थितियों के माध्यम से इस काव्य के पूरे वातावरण में कृष्ण की लीला अदृश्य सुगन्ध की तरह आद्योपान्त मौजूद रहती है।

कनुप्रिया : परम्परागत राधा में आधुनिक नारी चेतना के आयाम

भारतीय परम्परा में कृष्ण से एकनिष्ठ प्रेम में समर्पणमयी राधा का मिथक वस्तुतः वैष्णव संस्कार की आराध्य-भावना में पल्लवित-पुष्पित हुआ है। 'राधा' का शाब्दिक अर्थ है–'आराधना करने वाली'। परम्परागत कथाओं-मिथकों-प्रतीकों में अनन्य प्रेममयी, समर्पणमयी, प्रपत्तिमयी राधा का मन प्रियतम कृष्ण में घुल-मिलकर एकाकार हो गया है। वैष्णव-भावना और विश्वास के अनुसार शक्तिमान, लीलावतारी कृष्ण अपनी आह्लादिनी शक्ति 'राधा' के बिना अपूर्ण हैं। डॉ. धर्मवीर भारती ने राधाकृष्ण के प्रणय की एकात्मकता और तादात्म्य भाव के मिथकीय तथा प्रतीकात्मक सन्दर्भों को 'कनुप्रिया' में नयी संवेदना, नयी चेतना, नयी दृष्टि और नया परिप्रेक्ष्य प्रदान कर दिया है।

'कनुप्रिया' की पूरी कथा राधा की स्मृतियों और स्वप्नों से आगे बढ़ती है। उसके प्रश्नों में आधुनिक बोध, मानवीय अस्तित्व की समस्या, आधुनिक नारी के सवाल तथा मनःस्थिति को अभिव्यक्ति मिली है। कवि ने राधा-कृष्ण के व्यापक प्रेम को युद्ध और मानव अस्तित्व के संकटों से जोड़कर नया आयाम देने का सफल प्रयास किया है। राधा के परम्परागत, पौराणिक और मिथकीय व्यक्तित्व को धर्मवीर भारती ने आधुनिक युग की नारी के स्वतन्त्र अस्तित्व, निजी अस्मिता और आधुनिक नारी की बौद्धिक चेतना सम्पन्न स्वाधीन व्यक्तित्व के रूप में प्रतिष्ठित किया है। 'कनुप्रिया' की राधा के नवीन व्यक्तित्व की उल्लेखनीय विशिष्टिताओं को रेखांकित करते हुए कुमार विमल ने बहुत सही कहा है कि 'कनुप्रिया' की राधा का कमाल इसमें है कि वह रसवन्ती और प्रेममयी होकर भी अन्तःप्रज्ञ है; अपने अस्तित्व, व्यक्तित्व और महत्त्व के प्रति प्रबुद्ध है तथा समर्पण या आत्मप्रपत्ति के बाद भी मीनमेख और मनःकूत कर सकती है।"[3]

'कनुप्रिया' की राधा के जीवन में प्रेम का आरम्भ किशोरावस्था में होता है। 'कनुप्रिया' की मूल संवेदना प्रणय या 'राग-भाव' है। 'कनुप्रिया' की पहली पंक्ति से अन्तिम पंक्ति तक 'राग' ही रचना को बाँधे हुए है। राधा के कृष्ण-प्रेम में तन्मय क्षणों की विभिन्न स्थितियों, मनःस्थितियों को मर्मस्पर्शी रूप देना ही कवि का अभिप्रेत दिखाई देता है। राधा अपने प्रियतम कृष्ण संग चरम तन्मयता के क्षणों में जो जीवन सत्य पाती है, वह उसका अपना सत्य है कि जीवन में प्रेम ही सर्वाधिक मूल्यवान है और वही जीवन को सार्थक बनाता है। सहज मन से जीवन जीने वाली राधा अपने सहज जीवन अनुभव से, 'सहज' की कसौटी पर कसकर 'प्रेम' को सर्वोपरि जीवन-मूल्य के रूप में स्थापित करती है। कनुप्रिया द्वारा उठाया गया 'प्रेम से जुड़ा प्रश्न' अतीत और वर्तमान को अपने दायरे में ले लेता है तथा भविष्य की दिशा का संकेत भी करता है। प्रेम से जुड़े आग्रह, विछोह, उपालम्भ और प्रश्नों का सिलसिला यहाँ है। राधा के प्रेम में अनन्यता, तन्मयता और पूर्ण समर्पण के साथ ही प्रश्नों की प्रखरता भी है।

'कनुप्रिया' काव्य की राधा में शुरू से ही आत्म-सजगता, स्व की चेतना और निजता का बोध स्पष्ट रूप से दिखाई देता है। पहले गीत में अशोक-वृक्ष से संवाद करती हुई वह कहती है, *"तुम को क्या मालूम कि/मैं कितनी बार केवल तुम्हारे लिए/धूल में मिली हूँ।"*[4] प्रारम्भिक कैशोर्य-सुलभ मनःस्थितियों तथा प्रेम में भावाकुल तन्मयता और अपनी भावुकता के प्रति कनुप्रिया में वह आत्म-सजगता और प्रश्नशीलता है, जो परम्परा और इतिहास को राधा के व्यक्तित्व की चुनौती है। राधा अपने प्रिय कृष्ण से कहती है, *"पर मुझे क्या मालूम था कि वह अस्वीकृति ही/अटूट बन्धन बन कर।'*[5] या *"तब मुझे अंशतः ग्रहण कर/सम्पूर्ण बनाकर लौटा देते हो!'*[6] राधा के व्यक्तित्व में शुरू से ही विरोधाभास और द्वन्द्व मौजूद है। अतीत उसे अच्छा लगता है क्योंकि वहाँ प्रेमपूर्ण, तन्मय क्षणों की सार्थकता है। मन की लाज और एक अनजाना संशय तथा एक आग्रह भरा गोपन उसे एक अलग अस्तित्व प्रदान करते हैं। अपने अवचेतन मन की कल्पना में वह, अपने प्रिय कृष्ण की अवचेतन मनःस्थिति को, अब भी उसके प्रेम से जुड़ी हुई अनुभव करती है, *"पर जानते हो तुम्हारे अनजान में ही तुम्हारी उँगलियाँ/क्या कर रही थीं!/वे उस आम्र मंजरी को चूर-चूर कर/श्यामल वनघासों में बिछी उस माँग-सी उजली पगडण्डी पर/बिखेर रही थीं... ।"* (कनुप्रिया, वही, पृष्ठ 22-23), राधा इस स्वप्नमयी कल्पना में सुख पाती है, क्योंकि इस कल्पना से उसे 'निजता का बोध' होता है। उसकी अत्यधिक आत्म-सजगता आगे चलकर 'आत्म-मोह'

ग्रन्थि में बदल जाती है। अपनी सत्ता के प्रति अति सजगता के कारण तथा अपनी सत्ता को और प्रामाणिक बनाने के लिए वह समूची सृष्टि को 'स्व' से संचालित महसूस करती है। आत्म-मोह से ग्रस्त होने के कारण राधा अनेक बार अपने स्व की प्रशंसा ख़ुद ही करने लगती हैः 'तुमने कितनी बार कहा है, *"राधन! ये पतले मृणाल सी तुम्हारी गोरी अनावृत्त बाहें/पगडण्डियाँ मात्र हैं: जो मुझे तुम तक पहुँचा कर/रीत जाती हैं।"* (वही, पृष्ठ 27), कृष्ण के प्रेम में पूर्ण समर्पणमयी राधा तन्मयता के क्षणों में डूब कर भी अपने स्वाधीन व्यक्तित्व तथा अलग अस्तित्व की आकांक्षा करती है। राधा अपने प्रियतम कृष्ण से दूर होने पर, अतीत की प्रेमपूर्ण स्मृतियों में, अपने स्वाधीन व्यक्तित्व की आकांक्षा को अवचेतन में कल्पना करती है, *"तुम्हारा अजीब-सा प्यार है/जो सम्पूर्णतः बाँध कर भी/सम्पूर्णतः मुक्त छोड़ देता है!"* (वही, पृष्ठ 32)

कृष्णभक्ति परम्परा में राधा को कृष्ण की 'आह्लादिनी शक्ति' कहा गया है। धर्मवीर भारती ने आह्लादिनी शक्ति के मन में युगों से छिपे प्रश्न को 'कनुप्रिया' के मुख से औचक मुखरित कर दिया। यह कवि की मौलिक कल्पना और उनकी नवीन चेतना की परिचायक है। कृष्ण के साथ अपने शाश्वत किन्तु उलझे सम्बन्ध (स्वकीया-परकीया के समाज प्रचलित विभाजन भी) के बारे में वह कृष्ण से पूछती है, ''तुम मेरे कौन हो?'' डॉ. रघुवंश ने सही लक्ष्य किया है कि "राधा के मन का प्रश्न 'तुम मेरे कौन हो' में अधिक मुखरित हुआ है और इसी कारण आधुनिक संवेदना की प्रस्तावना इसमें देखी जा सकती है।"[7] 'तुम मेरे कौन हो?' का उत्तर तलाशती हुई राधा दैवी और दिव्य के अलौकिक स्तर से मानवीय स्तर पर उतर कर सखी-सहचरी के सम्बन्धों में कृष्ण से जुड़कर अपनी वैयक्तिकता और निजी अस्मिता को उद्घाटित करती है।

धर्मवीर भारती ने राधा के चरित्र में आधुनिक अस्तित्ववादी दर्शन और क्षणवादी चिन्तन के कुछ मूल्यों तथा विचारों को प्रतिष्ठित किया है। अस्तित्ववादी चिन्तन में व्यक्ति की निजी अस्मिता, व्यक्ति-स्वातन्त्र्य, स्वतन्त्र व्यक्तित्व और अस्तित्व पर पर्याप्त बल दिया गया है। मानव अस्तित्व के संकट पर विचार करते हुए अस्तित्ववादी दर्शन में 'क्षण' और 'क्षणबोध' की महत्ता पर बल दिया गया है। अस्तित्ववाद मानव स्वतन्त्रता को सबसे बड़ा मूल्य मानता है। राधा अस्तित्ववादी 'स्वतन्त्रता' का चुनाव करती है। कृष्ण के प्रेम में समर्पणमयी, प्रपत्तिमयी होकर भी वह अपने स्वतन्त्र व्यक्तित्व और अस्तित्व तथा निजी अस्मिता पर विचार कर लेती है। वह सर्वशक्तिमान कृष्ण की सर्वग्रासी व्यापकता से बचकर अपनी

पृथक्कता की रक्षा के लिए सजग होकर कहती है, *"मैं तुम में बूँद की तरह विलीन नहीं हुई थी,/...क्योंकि मुझे फिर आना था!"* (कनुप्रिया, वही, पृष्ठ 81) राधा यहाँ अलौकिक या दैवी से अधिक मानवी के रूप में उभरी है और कृष्ण की लीला-सहचरी या जन्म-जन्मान्तर की सखी का रूप भी पीछे छूट गया है। प्रेम में समर्पण करने वाली राधा अपनी निजी अस्मिता पर बल देती है। 'प्रेम में आत्म-विस्मृति की जगह आत्म-स्वीकृति' के कारण दह कृष्ण के सभी शब्दों का एक ही अर्थ निकालती है, *"मैं, मैं, केवल मैं!"* (वही, पृष्ठ 72)

राधा के जीवन में तन्मयता के 'क्षण का महत्त्व'

अपने सहज मन से जीवन जीने वाली राधा ने प्रियतम कृष्ण के प्रेम में तन्मयता के क्षणों में डूब कर जीवन की सार्थकता पायी है। वह चरम् तन्मयता के क्षणों में सहज मन की कसौटी पर ही किसी भी व्यक्ति और परिस्थिति की सार्थकता परखती है। अपने चरम तन्मयता के क्षणों में, सहज मन के भावस्तर से वह अपने सखा कृष्ण की सभी लीलाओं की अनुभूति तथा परख करती है। धर्मवीर भारती ने कनुप्रिया के परम तन्मयता के क्षणों में भी, भावस्तर पर कृष्ण के इतिहास-निर्माण को देखते हुए, वर्णित किया है। महाभारत युद्ध में कृष्ण के नायकत्व और युद्ध की विभीषिका तक कनुप्रिया अपने भावस्तर अथवा चरम तन्मयता के क्षणों से पहुँचती है। यह सब उससे अनजाने में, भावाकुल तन्मयता में अवचेतन मन से होता है। अस्तित्ववादी चिन्तन के अनुसार हर क्षण का यथार्थ अद्वितीय है। इसलिए जीवन में हर क्षण मूल्यवान है। हर क्षण को मूल्यवान और सार्थक अनुभव करके ही जीवन में सार्थकता की तलाश की जा सकती है। नयी कविता में 'क्षण की महत्ता' पर पर्याप्त ज़ोर दिया गया। नयी कविता के महत्त्वपूर्ण कवि डॉ. धर्मवीर भारती ने 'कनुप्रिया' के 'पूर्व-कथन' (भूमिका) में क्षणों की प्रतीति को स्वीकार करते हुए कहा है, "...जिसने अपने सहज मन से जीवन जिया है, तन्मयता के क्षणों में डूबकर सार्थकता पायी है, और जो अब उद्घोषित महानताओं से अभिभूत और आतंकित नहीं होता बल्कि आग्रह करता है कि वह उसी सहज की कसौटी पर समस्त को कसेगा। ऐसा ही आग्रह है कनुप्रिया का!" (कनुप्रिया, वही, भूमिका), धर्मवीर भारती, कनुप्रिया के बारे में कहते हैं कि "उसकी मूलवृत्ति संशय या जिज्ञासा नहीं, भावाकुल तन्मयता है।" (वही) उन्होंने कनुप्रिया की भावाकुल तन्मयता का बोध और 'क्षण की महत्ता' को जिस तरह प्रतिपादित किया है, उससे 'कनुप्रिया' की समस्त रचना-प्रक्रिया में 'संशय' और 'जिज्ञासा' की क्षणिक प्रतीति ही कवि को सृजन की प्रेरणा देती है।

धर्मवीर भारती की 'कनुप्रिया' बाहर के उद्वेलन के बजाय अन्दर के साक्षात्कृत चरम अनुभूति के 'क्षण का सत्य' वाह्य जीवन के इतिहास के बजाय आन्तरिक भावाकुल तन्मयता के क्षण का बोध को ज़्यादा मूल्यवान और सार्थक मानती है। धर्मवीर भारती यथार्थवादी और आधुनिकतावादी होकर भी अपनी सर्जनात्मकता में रोमानी संस्कारों से अभिभूत रहे हैं। वे स्वभावतः एक रोमांटिक रचनाकार हैं। वाह्य यथार्थ के बजाय आन्तरिक तन्मयता के क्षणों में साक्षात्कृत मनोगत यथार्थ, इतिहास सत्य के बजाय व्यक्ति सत्य और वाह्य परिस्थितियों के बजाय आन्तरिक मनःस्थितियों को महत्त्वपूर्ण मानकर 'कनुप्रिया' की रचना-प्रक्रिया और कनुप्रिया के व्यक्तित्व-सृजन के पीछे धर्मवीर भारती के रोमानी संस्कारों की महत्त्वपूर्ण भूमिका है। 'कनुप्रिया' के पूर्व-कथन में धर्मवीर भारती स्वीकार करते हैं, "लेकिन ऐसे भी क्षण होते हैं जब हमें लगता है कि यह सब जो बाहर का उद्वेग है, महत्त्व उसका नहीं है—महत्त्व उसका है जो हमारे अन्दर साक्षात्कृत होता है—चरम तन्मयता का क्षण जो एक स्तर पर सारे वाह्य इतिहास की प्रक्रिया से ज़्यादा मूल्यवान सिद्ध होता है, जो क्षण हमें सीपी की तरह खोल गया है—इस तरह कि समस्त वाह्य—अतीत, वर्तमान और भविष्य—सिमट कर उस क्षण में पूँजीभूत हो गया है, और हम हम नहीं रहे!" (वही, भूमिका) अपने रोमानी संस्कार का परिचय देते हुए धर्मवीर भारती ने 'कनुप्रिया' काव्य में राधा की रागात्मिका वृत्ति, रागात्मक चेतना और भावाकुल तन्मयता को अभिव्यक्त किया है और स्पष्ट संकेत किया है कि सहज रागात्मक स्तर पर ही मानवता की समस्याओं का समाधान निकल सकता है।

धर्मवीर भारती की कनुप्रिया या राधा के व्यक्तित्व में 'स्व' का बोध और 'स्व-केन्द्रीयता' पर्याप्त है। 'सृजन-संगिनी' में वह वाह्य जीवन-जगत् की समस्त क्रियाओं को, अपनी वैयक्तिकतावादी दृष्टि का परिचय देते हुए, अपने 'स्व' पर केन्द्रित कर देती है। सर्वशक्तिमान कृष्ण की सृजन-इच्छा और संकल्प के सवाल को उठाती हुई राधा अन्ततः इसके लिए एकपक्षीय ढंग से अपने 'स्व' की महिमा स्थापित कर देती है, *"वह मैं हूँ मेरे प्रियतम!/वह मैं हूँ।"* (कनुप्रिया, वही, पृष्ठ—42) लेकिन बड़ा सवाल यह है कि अगर समस्त सृष्टि राधा की इच्छा पर निर्भर है, यह समस्त सृष्टि राधा का लीलातन है, तो उसे डर ('आदिम भय') क्यों और कैसा है? राधा के व्यक्तित्व में यह 'डर' विरोधाभासपूर्ण और अन्तर्विरोधी है। राधा के अन्दर का यह डर असंगत है और कवि द्वारा आरोपित है। शायद उसका यह डर अपने 'स्व' के प्रति एकपक्षीय और अतिरिक्त आग्रह के कारण है।

इस डर के पीछे उसका मानसिक उद्वेग, अकेलापन, निजता का आवेग और तनाव के साथ-साथ प्रियतम कृष्ण को अपनी तरफ़ लौटाने के प्रयास विफल होना है। लेकिन इस डर का सार्थक परिणाम यह है कि इस डर से राधा को अपने अस्तित्व का बोध होता है। कृष्ण की 'केलिसखी' राधा इस भय के पीछे छिपे कारणों के बारे में सोचती हुई ख़ुद से कहती है कि शायद यह भय प्रियतम कृष्ण के पास मेरे लौटने की प्रबल होती इच्छा के कारण है, *"और भय/आदिम भय, तर्कहीन, कारणहीन भय जो/मुझे तुम से दूर ले गया था, बहुत दूर-/क्या इसीलिए कि मुझे/दुगुने आवेग से तुम्हारे पास लौटा लावे।"* (वही, पृ. 51-52) कृष्ण की 'केलिसखी' राधा अपने प्रगाढ़ क्षणों में तन्मय होने की तीव्र आकांक्षा और जाग्रत 'स्व-बोध' के कारण, उत्तेजनापूर्ण, तीखे स्वर में इतिहास को चुनौती देती हुई कहती है, *"और कह दो समय के अचूक धनुर्धर से/कि अपने शायक उतार कर/तरकश में रख ले/और तोड़ दे अपना धनुष/और अपने पंख समेट कर द्वार पर चुपचाप/प्रतीक्षा करे।"* (वही, पृष्ठ 53)

प्रियतम कृष्ण के बिछोह से उपजी मानसिक विवशता और अकेलेपन से उपजे एक क़िस्म के आन्तरिक भय ने राधा के अन्दर मानसिक द्वन्द्व तथा तनाव पैदा कर दिया है। वह प्रियतम कृष्ण के बिना स्वयं को निरर्थक अनुभव करने लगती है, *"मन्त्र पढ़े बाण-से छूट गये तुम तो कनु,/शेष रही मैं केवल,/काँपती प्रत्यंचा-सी'।* (वही, पृष्ठ 58) राधा की विरह-दशा के लिए 'बिना बाण के काँपती प्रत्यंचा-सी' कहना धर्मवीर भारती की नयी सूझ का परिचायक है। विरह-विक्षुब्ध राधा अतीत की रागात्मक, स्वप्नमयी कल्पना में जीना चाहती है। उसके लिए सारा यथार्थ केवल वैयक्तिकता और स्वप्नमयी कल्पना (फेंटेसी) तक सीमित है। अपनी निजता और वैयक्तिकता की खोज में अतीत से प्रेम करने वाली राधा के व्यक्तित्व में वर्तमान के गुंजलक यथार्थ ने द्वन्द्व का सृजन किया है। इस मानसिक द्वन्द्व ने उसे भावाकुल तन्मयता या भावस्तर से हटाकर चेतना के स्तर पर ला दिया है। चेतना और यथार्थ के स्तर पर लौटते ही वह बौद्धिक प्रखरता से लैस होकर कृष्ण से सीधा सवाल करती है, *"सुनो कनु, सुनो/क्या मैं सिर्फ़ एक सेतु थी तुम्हारे लिए/लीलाभूमि और युद्धक्षेत्र के/अलंघ्य अन्तराल में!"* (वही, पृष्ठ 60) युद्ध के आसन्न संकट से घबराकर और अपने प्रियतम कृष्ण को युद्धक्षेत्र की विभीषिका से दूर खींचने तथा अपने उत्कट प्रेम की याद दिलाने के लिए, पहले से प्रतीक्षारत राधा 'उसी आम के नीचे' आ खड़ी होती है, जहाँ दोनों का मधुर-मिलन हुआ था। वह सोचती है कि कृष्ण के इतिहास-निर्माता और

महाभारत-युद्ध के महानायक तथा विराट व्यक्तित्व बनने में मेरा भी कितना कुछ टूटकर बिखर गया है। युद्ध की आसन्न विभीषिका के बीच 'अस्तित्व के संकट और व्यर्थता-बोध' का अनुभव करती हुई राधा, भावस्तर पर कृष्ण से सवाल के रूप में, मानो खुद से सवाल पूछती है, *"तुम्हारे महान बनने में/क्या मेरा कुछ टूट कर बिखर गया है कनु!"* (वही, पृष्ठ 63) यहाँ राधा का व्यक्ति-सत्य 'व्यापक सत्य' बन गया है। उसका निजी अस्तित्व-संकट व्यापक सामाजिक संकट के रूप में उपस्थित हुआ है। राधा के निजी सत्य और निजी संकट को व्यापक सत्य और सामाजिक संकट से जोड़ देना धर्मवीर भारती के चिन्तन और सृजन की उपलब्धि है। प्रेम और मिलन के मधुर चिह्नों, स्थलों को युद्ध के लिए जाने वाली कृष्ण की अट्ठारह अक्षौहिणी सेना की सुगमता के लिए नष्ट किये जाने का आदेश सुनकर राधा का हृदय चित्कार कर उठता है। वह सोचती है कि राजाज्ञा की अवहेलना करने पर 'क्या सारा ग्राम नहीं उजाड़ दिया जायेगा?' अट्ठारह अक्षौहिणी सेना द्वारा रौदे जाते खेत-खलिहान को देखकर दुःखी राधा के दुःख में यहाँ प्रजा का दर्द है, तो महायुद्ध में व्यक्ति की विवशता का लोमहर्षक चित्रण भी है। निजी सत्य को व्यापक स्तर से जोड़ देने की चेष्टा यहाँ सफल हुई है। 'कनुप्रिया' में अनुभव और यथार्थ का यह एक धरातल ऐसा है, जहाँ निजी तथा व्यापक का वाह्य अन्तर मिट गया है।

युद्ध के औचित्य पर सवाल उठाती 'कनुप्रिया'

महाभारत युद्ध की विभीषिका, व्यापक हिंसा और नरसंहार के हृदयविदारक समाचारों को सुनकर कनुप्रिया अत्यन्त व्यथित है। उसकी व्यथा में समस्त मानवता की व्यथा समाहित है। बीसवीं सदी में दो महायुद्धों की विभीषिका झेल चुकी दुनिया और हमेशा तीसरे महायुद्ध की आशंका से भयभीत हर व्यक्ति के पीड़ा और भय की अभिव्यक्ति राधा ने की है। वह कनु से युद्ध के औचित्य और सार्थकता के सम्बन्ध में सवाल करती है, *"भागे हुए सैनिकों से सुनी हुई/अकल्पनीय अमानुषिक घटनाएँ युद्ध की/क्या ये सब सार्थक हैं?"* (वही, पृष्ठ 68) राधा ने सवालों द्वारा महाभारत युद्ध की विभीषिका, विसंगति, विडम्बना, विद्रूपता और अस्तित्व के संघर्ष को अत्यन्त प्रभावशाली ढंग से उठाया है। राधा के ये सवाल तथा युद्ध के भयावह प्रसंग यथार्थ के जिन रूपों को सामने लाते हैं, वे आज विध्वंसक हथियारों के ढेर पर बैठी दुनिया के सामने मौजूद संकटपूर्ण स्थितियों और विडम्बनाओं को 'अर्थ' प्रदान करने में पूर्णतः सक्षम हैं।

राधा की तनावग्रस्त मनःस्थिति और उसके मन के सारे अन्तर्विरोध वस्तुतः महाभारत युद्ध के महानायक कृष्ण द्वारा युद्ध के पक्ष में लिए गये फैसले और उनकी युद्धरत भूमिका से उपजी विषमताओं से संघर्ष को उद्‌घाटित करते हैं। उसके प्रेम में तन्मयता के गहरे क्षणों को छोड़कर प्रियतम कृष्ण की इस युद्धरत भूमिका को वह नहीं समझ पाती। युद्ध के पक्ष में अपने निर्णय का औचित्य बताते हुए कुशल राजनेता तथा धर्मोपदेशक की तरह कृष्ण कर्म-स्वधर्म, न्याय-अन्याय, धर्म-अधर्म, दायित्व जैसे शब्दों की व्याख्या करते हैं। युद्ध के समर्थन में कृष्ण द्वारा कहे गये इन शब्दों को राधा अर्थहीन पाती है। क्योंकि प्रजा के समक्ष उपस्थित अस्तित्व के संकट और विडम्बनापूर्ण, त्रासद परिस्थितियों के लिए ज़िम्मेदार यह युद्ध किस बात के लिए है और युद्ध के पीछे की समस्या क्या है, इन प्रश्नों का उत्तर कृष्ण नहीं दे पाते हैं। युद्ध के संकट के बीच, महाभारत युद्ध के महानायक कृष्ण द्वारा, भावस्तर पर राधा से कहे गये, 'कर्म, स्वधर्म, निर्णय, दायित्व' जैसे शब्दों के अर्थों को शायद राधा नया रूप देना चाहती है। युद्ध की बदली हुई परिस्थितियों में इन शब्दों के सही अर्थों का पुनरनुसन्धान आवश्यक है। क्योंकि इन परिस्थितियों में राजा और प्रजा के लिए इन शब्दों का अर्थ प्रायः अलग-अलग होता है।

विकट युद्धग्रस्त वर्तमान के द्वन्द्व और अन्तर्विरोधों से घिर कर राधा प्रेमपूरित अतीत का स्मरण करने लगती है। अतीत के ये स्मरण-चित्र राधा की रोमानियत से नहीं उपजते, बल्कि वे उपजते हैं वर्तमान के युद्धग्रस्त, खण्डित यथार्थ से। लेकिन यह भी सच है कि राधा की वैयक्तिकतावादी दृष्टि की 'स्व' केन्द्रीयता और एक-पक्षीयता युद्ध की संगति-असंगति का वस्तुनिष्ठ जाँच-परख नहीं कर पाती। अतीत में अपने प्रेम के भावनामय संसार में भटकती हुई राधा के भावाकुल तन्मयता की मूलवृत्ति तथा भावनामय दृष्टिकोण में कृष्ण से जुड़े इतिहास के जबर्दस्त नकार का भाव है। कहीं-न-कहीं इसके लिए उसकी प्रेम और रोमान की 'अतीत में जड़बद्ध दृष्टि' तथा ऐतिहासिक परिस्थितियों की द्वन्द्वात्मकता को न समझने वाली भावमय दृष्टि ज़िम्मेदार है। यह कहना उचित प्रतीत होता है कि कृष्ण से प्रेम की तन्मयता में डूबी राधा के अक्षुण्ण प्रेमपूरित व्यक्तित्व द्वारा धर्मवीर भारती ने यह सन्देश दिया है कि बुद्धि के कृत्रिम आयामों और तर्क-वितर्क के बजाय सहज रागात्मक स्तर पर ही मानवता की समस्याओं का समाधान निकल सकता है। अपने स्वाधीन व्यक्तित्व, अस्तित्व की सजगता,

निजी अस्मिता और वैयक्तिकतावादी, अस्तित्ववादी दृष्टि के बावजूद राधा के किसी भी कथन में अनास्था का स्वर नहीं है।

निजी जीवन में अपने प्रेम को खो चुकी राधा की निजी वेदना और छटपटाहट तब व्यापक रूप ले लेती है, जब उसका प्रेमी कृष्ण महाभारत के विकट युद्ध का नायक बनकर सामने आता है। राधा की वेदना और छटपटाहट को धर्मवीर भारती ने इस सघनता और मार्मिकता के साथ अभिव्यक्त किया है कि सहृदय पाठक को कृष्ण का नायकत्व भी खलनायक की भंगिमा में दिखाई देने लगता है। राधा चाहती है कि व्यक्ति और समाज दोनों के लिए निरर्थक और विध्वंसक युद्ध छोड़कर उसका प्रेमी कृष्ण उसके पास लौट आये, और उसके साथ प्रगाढ़ केलि-क्षणों में तन्मय हो जाये। राधा अपनी इस अतृप्त इच्छा की पूर्ति यथार्थ जीवन में न होने से भावस्तर पर यानी स्वप्न (फेंटेसी) में ही कर सकती थी। इसी कारण धर्मवीर भारती की कनुप्रिया 'समुद्र-स्वप्न' में कनु की युद्ध से खिन्नता की कल्पना करती है, *"और मैंने देखा कि अन्त में तुम/थक कर/इन सब से खिन्न, उदासीन, विस्मित और/कुछ-कुछ आहत/मेरे कन्धों से टिक कर बैठ गये हो।"* (कनुप्रिया, वही, पृष्ठ 73) महानायक कृष्ण द्वारा युद्ध और इतिहास के 'सम्पूर्ण संघर्ष झेलने के बाद असफल इतिहास को जीर्ण वसन के समान त्यागकर राधा की आकांक्षा' को डॉ. रघुवंश ने राधा के निजी 'व्यक्तित्व की खोज'[8] के रूप में रेखांकित किया है, तो जितेन्द्र सेठी ने इसे कवि का 'शार्ट कट समाधान'[9] बताया है। अन्त में राधा की फेंटेसी से धर्मवीर भारती ने कृष्ण को भी जोड़ दिया है और कनु को असफल इतिहास (भौतिकता का प्रतीक) का परित्याग कर राधा (रागात्मकता की प्रतीक) के लिए व्याकुल दिखाया है, *"और अब इस क्षण तुम/केवल एक भरी हुई/पकी हुई/गहरी पुकार हो...।/सब त्याग कर/मेरे लिए भटकती हुई...।"* (कनुप्रिया, वही पृष्ठ 77)।

'समापन' तक आते-आते कनुप्रिया, कनु की केवल 'केलिसखी' नहीं रह जाती, बल्कि वह एक पूर्ण अस्तित्व, स्वाधीन व्यक्तित्व और निजी अस्मिता प्राप्त कर लेती है। वह बख़ूबी जानती है कि उसके बिना कृष्ण का समूचा इतिहास क़तई सार्थक नहीं हो सकता। क्योंकि प्रेममयी राधा के बिना कृष्ण के 'इतिहास के शब्द-शब्द रक्त के प्यासे अर्थहीन शब्द' ही तो रह जाते हैं। पारम्परिक रोमांटिक छवि और आधुनिक चेतना सम्पन्न स्त्री की छवि के विरोधाभासों को एक साथ जीने वाली राधा प्रखर तर्क भी करती है। वह अपने प्रियतम और इतिहास के महानायक कनु से, व्यंग्य में उन्हें 'प्रभु' कहकर, यह अहम सवाल पूछती है कि *"सुनो मेरे*

प्यार!/प्रगाढ़ केलिक्षणों में अपनी अन्तरंग/सखी को तुमने बाहों में गूँथा/पर उसे इतिहास में गूँथने से हिचक क्यों गये प्रभु?" (वही, पृष्ठ 82) राधा का अपने प्रियतम कृष्ण के प्रति ऐसा आलोचनात्मक दृष्टिकोण तथा प्रखर प्रश्नाकुलता पूर्ववर्ती राधा-कृष्ण सम्बन्धी साहित्य में देखने को नहीं मिलता। कनुप्रिया के इस प्रश्न में आधुनिक युग की नारी का आत्मचेतस व्यक्तित्व और अस्मिता-बोध उभर आया है। कृष्ण के इतिहास को स्वयं का इतिहास बनाने के लिए ही राधा अब भी, महाभारत युद्ध के बाद खिन्न, उदासीन, विरक्त और कुछ-कुछ आहत कृष्ण की प्रतीक्षा कर रही है। 'कनुप्रिया' में अब भी प्रेम और तन्मयता के अविस्मरणीय क्षणों की सुगन्ध मौजूद है। 'कनुप्रिया' में धर्मवीर भारती द्वारा चित्रित राधा-कृष्ण के अनन्य प्रेम की तन्मयता के क्षण आद्यन्त भावमय तथा मर्मस्पर्शी हैं। युद्ध की भीषण विभीषिका में जीवन के लिए अपरिहार्य प्रेम के महत्त्व को उजागर करने और मानवीय मूल्यों को उबारने के लिए ही धर्मवीर भारती ने राधा-कृष्ण के प्रणयाख्यान के धरातल पर युद्ध बनाम प्रेम की प्रभावशाली अभिव्यंजना की है। अनन्त पिपासा से भरे आज के भौतिकवादी युग में महाभारत युद्ध के नायक (कृष्ण) द्वारा रागात्मकता और आधुनिक चेतना सम्पन्न चरित्र (राधा) के पास लौटना उद्देश्यपूर्ण, श्लाघ्य और सात्विक है।

सन्दर्भ

1. *चन्द्रकान्त वान्दिवडेकर,* धर्मवीर भारती की साहित्य साधना (सम्पादक : पुष्पा भारती), भारतीय ज्ञानपीठ, नयी दिल्ली, संस्करण–2006, पृष्ठ 439
2. धर्मवीर भारती, *कनुप्रिया,* भारतीय ज्ञानपीठ, नयी दिल्ली, तेइसवाँ संस्करण–2021, भूमिका
3. *धर्मवीर भारती की साहित्य साधना,* वही, पृष्ठ 374
4. *कनुप्रिया,* वही, पृष्ठ 11
5. *वही,* पृष्ठ 14
6. *वही,* पृष्ठ 18
7. *धर्मवीर भारती की साहित्य साधना,* वही, पृष्ठ 431
8. *वही,* पृष्ठ 434
9. *वही,* पृष्ठ 415

हिन्दी आलोचना और कनुप्रिया

वेंकटेश कुमार

"इस भारती के जादू से कौन बच सकता था? पूरी एक पीढ़ी प्रतिभा के इस प्लावन में बह गयी थी। उत्तर भारत का तो शायद ही कोई प्रेमी युगल हो, जो प्रारम्भ में 'गुनाहों का देवता' और फिर बाद में 'कनुप्रिया' एक-दूसरे को भेंट न करता हो। भारती उन दिनों मध्यवर्गीय युवा कामनाओं, स्वप्नों और आकांक्षाओं के कवि थे... ।"[1] **राजेन्द्र यादव**

"आज़ादी के बाद हमारी पीढ़ी जो उभरकर आयी, उसमें अगर ध्यान दें तो ये वे लोग थे जिनकी उम्र उस समय 21-22 साल की रही होगी—विजयदेवनारायण साही, सर्वेश्वरदयाल सक्सेना, धर्मवीर भारती—ये तीन इलाहाबाद के। इसके बाद कुँवरनारायण, निर्मल वर्मा—इन लेखकों की जो पीढ़ी आयी—आज़ादी के पहले भी उनका एक क़दम था और मोटे तौर से वे समाजवादी विचारों के थे। पचास के दशक के आरम्भिक पाँच वर्षों का, वे प्रतिभा का एक चमत्कार है। उस दौर में भारती ने जो लिखा वैसा न तो मोहन राकेश ने लिखा, न निर्मल वर्मा ने लिखा, न रघुवीर सहाय ने लिखा, न विजयदवेनारायण साही ने लिखा, न कुँवरनारायण ने लिखा। 50 से 55 तक के दौर में हमारी पीढ़ी के लोगों में प्रतिभा का ऐसा विस्फोट और ऐसा चमत्कार सम्भव हो सका—इसका श्रेय तो हम भारती को ही देते हैं।"[2] **नामवर सिंह**

धर्मवीर भारती जब तेरह वर्ष के थे, तब उनके पिता का देहान्त हो गया। ट्यूशन पढ़ाकर भारती ने अपनी पढ़ाई जारी रखी। इलाहाबाद के पुस्तकालयों में बैठकर दुनिया भर का साहित्य पढ़ना भारती का व्यसन बन गया। वे अभ्युदय जैसी प्रतिष्ठित पत्रिका में उपसम्पादक बन गये। फिर इलाचन्द्र जोशी के सम्पादन में निकलने वाली पत्रिका 'संगम' में भी काम किया। इलाहाबाद विश्वविद्यालय से एम.ए. करते हुए भारती को विशननारायण टण्डन, जगदीश गुप्त, विजयदेवनारायण साही और सर्वेश्वरदयाल सक्सेना जैसे सहपाठी मिले। 'सिद्ध साहित्य' जैसे जटिल

विषय पर भारती ने अपनी पीएच.डी. पूरी की। हिन्दुस्तानी एकेडमी, इलाहाबाद में लगभग एक वर्ष तक काम किया। फिर इलाहाबाद विश्वविद्यालय में पढ़ाने लगे। इसी बीच भारती 'परिमल' में भी अपनी अहम् भूमिका निभाते रहे। 'परिमल' के बारे में नामवर सिंह कहते हैं, ''संगठन और सृजन की दृष्टि से परिमल का नेतृत्व सँभालने वाले भारती थे और उसे बौद्धिक आधार साही ने दिया।''[3] 1944 में परिमल अस्तित्व में आया और जल्दी ही अपनी सक्रियता से हिन्दी समाज के आकर्षण का केन्द्र बन गया। 'गुनाहों का देवता' लिखकर धर्मवीर भारती लोकप्रिय भले ही हो गये थे लेकिन इलाहाबाद की साहित्यिक बिरादरी उन्हें लेखकों की अग्रिम पंक्ति में बैठाने को तैयार नहीं थी। बकौल केशवचन्द्र वर्मा ''भारती जी को कोई साहित्यकार नहीं मानता था। साहित्य का माने था कविता लिखना और आप कविता नहीं लिखते तो यहाँ क्यों हैं!''[4] अज्ञेय सम्भवतः पहले ऐसे व्यक्ति हैं, जिन्होंने एक कवि के रूप में भारती को मान्यता दी, दूसरा सप्तक में शामिल करके। दूसरा सप्तक में शामिल होते ही धर्मवीर भारती की कविताओं की ओर हिन्दी समाज का ध्यान आकृष्ट हुआ। 'दूसरा सप्तक' की भूमिका में अज्ञेय ने लिखा, '''दूसरा सप्तक' में फिर सात नये कवियों की संगृहीत रचनाएँ प्रस्तुत की जा रही हैं। सात में से कोई भी हिन्दी-जगत का अपरिचित हो, ऐसा नहीं है, लेकिन किसी का कोई स्वतन्त्र कविता-संग्रह नहीं छपा है, अतः यह कहा जा सकता है कि प्रकाशित कविता-ग्रन्थ के जगत में ये कवि इसी पुस्तक के साथ प्रवेश कर रहे हैं और हमारा विश्वास है कि हिन्दी में सम्प्रति जो काव्य-संग्रह छपते हैं, उनमें कम ऐसे होंगे, जिनमें अच्छी कविताओं की इतनी बड़ी संख्या एकत्र मिले, जितनी 'दूसरा सप्तक' में पायी जायेगी।''[5] अपने सम्पादन में निकलने वाली पत्रिका 'प्रतीक' में अज्ञेय ने धर्मवीर भारती की कविताओं को प्रमुखता से छापा। दरअसल, परिमल से सक्रिय रूप से जुड़े होने के कारण धर्मवीर भारती को प्रगतिशील आलोचना के विरोध का सामना करना पड़ रहा था। भारती ने प्रगतिवाद एक समीक्षा तथा 'मानव मूल्य और साहित्य' जैसी आलोचना-पुस्तकें लिखकर प्रगतिशील खेमे में हलचल मचा दी। भारती साहित्य में किसी भी तरह के संकीर्णतावाद का विरोध करने वाले लेखक के रूप में सामने आये। मार्क्सवाद से भारती को कोई दुश्मनी नहीं थी। वे मार्क्सवाद को साहित्य की एक प्रमुख विचारधारा मानते थे। भारती कुछ समय तक इलाहाबाद में प्रगतिशील लेखक संघ से भी जुड़े रहे, लेकिन परिमल पर प्रगतिशील लेखक संघ का विरोधी होने का ठप्पा लग गया था। भारती को इसकी बड़ी क़ीमत चुकानी पड़ी।

प्रगतिशील आलोचकों ने भारती के लेखन की या तो अवहेलना की या अवमूल्यन किया। इस लेख के आरम्भ में भारती के बारे में नामवर सिंह का एक वक्तव्य उद्धृत किया गया है। यहाँ पर भारती के बारे में नामवर सिंह का एक और कथन देखने लायक है, ''धर्मवीर भारती ने ऑस्कर वाइल्ड की नक़ल में कहानियाँ शुरू में लिखीं, जिनकी चर्चा तब भी मैंने नहीं की और अब भी नहीं करता। आगे चलकर उन्होंने 'गुलकी बन्नो' लिखी जिसका बहुत ढोल पीटा गया। ... यह दूसरी बात है कि वह कहानी भी अच्छी नहीं है। ...एकमात्र कहानी 'गुलकी बन्नो' ही थी, जिससे भारती एक कहानीकार के रूप में चर्चित हो रहे थे। मुझे वह ऐसी नहीं लगी थी कहानी और न भारती ऐसे लेखक थे, जिनकी चर्चा की जा सके। धर्मवीर भारती नयी कहानी आन्दोलन के एक समर्थ कहानीकार थे लेकिन नामवर सिंह ने उन्हें एक वाक्य में ही खारिज कर दिया। इसी तरह से नामवर सिंह कवि धर्मवीर भारती को भी ख़ारिज कर देते हैं। भारती का दूसरे सप्तक में शामिल होना ही नामवर सिंह को असंगत लगा। दिलचस्प है कि नामवर सिंह ने यह कहने के लिए विजयदेवनारायण साही का सहारा लिया—''साही के शब्दों में 'वायरनिक' मुद्रावाले धर्मवीर भारती का चुनाव तार सप्तक की प्रतिज्ञा को स्मरण करते हुए निश्चित रूप से असंगत है।''[7] नामवर सिंह की दृष्टि में धर्मवीर भारती 'बाज़ारू अभिव्यक्ति' के कवि थे, ''कठिनाई यह है कि अनेक नये कवि ऐसे हैं जो परिपाटीग्रस्त अभिव्यक्ति के ख़तरे से बचने की कोशिश में 'बाज़ारू अभिव्यक्ति' के शिकार हो जाते हैं। उदाहरण के लिए धर्मवीर भारती की 'पुराना किला' शीर्षक कविता, जो उर्दू-फारसी शब्दों के अनसधे-भोंड़े प्रयोगों के द्वारा अभीष्ट व्यंग्य की सृष्टि करने के स्थान पर स्वयं उपहासास्पद हो जाती है।''[8] प्रगतिशील आलोचकों ने तो भारती का अवमूल्यन किया ही, परिमल के सदस्यों को भी भारती की स्वतन्त्र-चेतना और लोकप्रियता से दिक्कत होने लगी। ये सब देखकर भारती का इलाहाबाद से मोहभंग हो गया। वे इलाहाबाद विश्वविद्यालय में प्रोफ़ेसरी की नौकरी छोड़कर बम्बई चले गये, धर्मयुग का सम्पादक बनकर। यह बात सन् 1960 की है। भारती का दोनों घर लगभग एक साथ छूट गया—इलाहाबाद और कविता। 'कनुप्रिया' के बाद 34 वर्षों तक भारती का कोई भी कविता-संग्रह प्रकाशित नहीं हुआ। 1993 में भारती का कविता-संग्रह प्रकाशित हुआ—'सपना अभी भी' इस संग्रह के 'निवेदन' में भारती ने लिखा- ''इस संकलन में सन् 59 से लेकर सन् 93 तक की कविताएँ हैं—लम्बे चौंतीस वर्ष यानी दो बनवासों की अवधि से भी कहीं ज़्यादा। इन दो-दो बनवासों की समवेत अवधि के बाद भी

घर लौट पाया हूँ या नहीं—पता नहीं।''[9] सवाल उठता है कि कनुप्रिया (1959) के बाद भारती को दो-दो बनवास क्यों भोगना पड़ा? क्या भारती को यह सज़ा 'कनुप्रिया' के माध्यम से हिन्दी के पौराणिक आख्यानों की परम्परा को तहस-नहस कर देने के लिए मिली थी! आख़िर वे कौन लोग थे जो 'कनुप्रिया' को पचा नहीं पा रहे थे।

हम जानते हैं कि परिमल के अन्य सदस्यों की तरह धर्मवीर भारती भी परिमल की गोष्ठियों में अपनी अप्रकाशित कविताओं का पाठ किया करते थे। भारती ने प्रकाशित होने से पहले परिमल की गोष्ठियों में 'अन्धायुग' भी सुनाया था और 'कनुप्रिया' भी। जगदीश गुप्त, रामस्वरूप चतुर्वेदी और विजयदेवनारायण साही के सम्पादन में निकलने वाली पत्रिका 'नयी कविता' में पहली बार अप्रकाशित 'कनुप्रिया' का एक अंश प्रकाशित हुआ। फिर पुस्तक के रूप में 'कनुप्रिया' का प्रकाशन हुआ। 'कनुप्रिया' के केन्द्र में कृष्ण और राधा हैं और इसकी कहानी भागवत् से प्रेरित है। इसलिए स्वाभाविक रूप से 'कनुप्रिया' का मूल्यांकन कृष्ण काव्य परम्परा की एक कृति के रूप में होने लगा। चूँकि भारती के 'अन्धायुग' को लोगों ने एक सफल कृति के रूप में स्वीकार कर लिया था इसलिए 'अन्धायुग' की लाठी से 'कनुप्रिया' को पीटने का रास्ता अपने आप निकल आया। 'कनुप्रिया' की हत्या करने के लिए आलोचकों ने कई तरह के हथियारों का इस्तेमाल किया—परम्परा, आधुनिकता, अश्लीलता, रोमांटिक, रीतिकालीन मुग्धा नायिका, वैष्णव धर्म, काव्यभाषा, भावाकुल तन्मयता आदि। फणीश्वरनाथ रेणु ने 'मैला आँचल' को 'एक आंचलिक उपन्यास' कह दिया था और इसके लिए वह ज़िन्दगी भर अफ़सोस करते रहे। इसी तरह भारती ने 'कनुप्रिया' के बारे में लिख दिया कि ''उसकी मूलवृत्ति संशय या जिज्ञासा नहीं, भावाकुल तन्मयता है।''[10] अब आलोचकों ने भारती की इस 'भावाकुल तन्मयता' को पकड़ लिया और उसी से कनुप्रिया का मूल्यांकन करने लगे। ऐसा कहा जाने लगा कि संशय और जिज्ञासा की जगह 'भावाकुल तन्मयता' को जगह देने वाली कृति आधुनिक कैसे हो सकती है।

'कनुप्रिया' पढ़कर अज्ञेय ने भारती को एक लम्बा पत्र लिखा। इस पत्र का एक अंश भारती ने अज्ञेय की अनुमति के बिना ही छपवा दिया। आगे चलकर देवीशंकर अवस्थी ने अपनी किताब 'विवेक के रंग' में अज्ञेय की इस टिप्पणी को शामिल करने की उनसे अनुमति माँगी। अज्ञेय ने देवीशंकर अवस्थी को लिखा—''जैसे मैं निवेदन कर चुका हूँ, 'कनुप्रिया' वाली उस टिप्पणी को मैं

समीक्षा नहीं मानता हूँ। भारती जी के नाम एक निजी पत्र का वह अंश उन्होंने छाप दिया, यह मेरे लिए ही विस्मय की बात थी—मैं उसे अब भी 'समीक्षा' के नाम पर प्रकाशन योग्य नहीं समझता क्योंकि उस 'ईक्षा' को 'सम' करने के लिए और कुछ होना चाहिए।''[11]

इस टिप्पणी में अज्ञेय 'कनुप्रिया' की विशेषताओं और कमियों की ओर हमारा ध्यान आकृष्ट करते हैं, '''कनुप्रिया' में मुझे जो अच्छा लगता है, वह है परिकल्पना का साहस, राधा-कृष्ण के व्यापक प्रेम को नया सन्दर्भ देने का और इस प्रकार आधुनिक संकट को गहराई का एक नया आयाम दे देने का प्रयत्न। इस साहस-कर्म में उन्हें सफलता नहीं मिली है, तो भी हमारी सहानुभूति उनके साथ है, तो भी 'कनुप्रिया' रोचक और पठनीय है।''[12] अज्ञेय को कनुप्रिया की भाषा पात्रोनुकूल नहीं लगती और इस वजह से वह वैष्णव संस्कार से दूर दिखाई देता है, ''भारती की भाषा का संस्कार रोमानी है, उनके शब्द-चित्र हमें न केवल वैष्णव संस्कार की ओर नहीं ले जाते बल्कि उससे दूर खींचकर एक पश्चिमी संस्कार की ओर ले जाते हैं...। मूल विपर्यय यह है कि वैष्णव-संस्कार भावना के सागर में डूबने की माँग करता है और रोमानी संस्कार कल्पना के आकाश में उड़ने की।''[13] दरअसल 'वैष्णव संस्कार' भारती की चिन्ता और चिन्तन के दायरे में कभी रहा ही नहीं। आचार्य हज़ारीप्रसाद द्विवेदी ने अपनी किताब 'सूर-साहित्य' में कृष्ण काव्य के विकास पर विस्तार से प्रकाश डालते हुए एक महत्त्वपूर्ण टिप्पणी की है, ''बृजभाषा-काव्य के प्रारम्भ-काल में राधा और कृष्ण इतिहास या तत्त्ववाद की चीज़ नहीं रह गये थे। वे सम्पूर्णतः भाव-जगत् की चीज़ हो गये थे। भक्ति, प्रेम और माधुर्य की नाना सम्पदाओं से चित्रित, यह मुग़ल-मूर्ति ईश्वर का रूप तो थी, पर उस ईश्वर में वैदिक देवताओं का सम्भ्रम नहीं था, ग्रीक आपोलो की भीति नहीं थी, इस्लामी ख़ुदा की तटस्थता नहीं थी, दार्शनिक ईश्वर की अद्भुतता तो एकदम नहीं थी, एक सहज, सरल, घरेलू सम्बन्ध।''[14] कहना न होगा कि भारती के कृष्ण और राधा की सबसे बड़ी पहचान उनका यह सरल और घरेलू होना ही है। अन्धायुग के कृष्ण कहते हैं, *''प्रभु हूँ या परात्पर/पर पुत्र हूँ तुम्हारा, तुम माता हो।''*[15] भारती 'असंगति' और विरोधी स्थितियों में बिना किसी सामंजस्य के जी सकने की सामर्थ्य को महानता और असाधारणता का आधार नहीं मानते। इसलिए वे बार-बार 'सहज की कसौटी पर समस्त' को कसने का आग्रह विशेष रूप से 'कनुप्रिया' के सन्दर्भ में करते हैं। नामवर सिंह ने 'अन्धायुग' के बारे में मार्के की एक बात कही हैं—अन्धायुग द्वितीय विश्वयुद्ध के बाद के यूरोप के विनाश

की गाथा थी। सन् 64 के बाद 'अन्धायुग' नेहरू की मृत्यु के बाद के हिन्दुस्तान में सम्यता की समीक्षा बनकर पेश हुआ। उल्लेखनीय है कि एक साक्षात्कार में धर्मवीर भारती ने यह स्वीकार किया है कि वे 'अन्धायुग' में कृष्ण को लाना ही नहीं चाहते थे। 'अन्धायुग' से राधा भी अनुपस्थित है। भारती पूरब और पश्चिम की अवधारणा में कोई बहुत बड़ी विभाजक रेखा नहीं देखते थे। इसलिए उनकी आलोचना की किताबों में पश्चिम के साहित्य का प्रसंग बहुतायत में आता है। अकारण नहीं है कि वे मानव-मूल्य पर सबसे ज़्यादा ज़ोर देते हैं। यही कारण है कि 'कनुप्रिया' कृष्ण काव्य की परम्परा में एक प्रस्थान बनकर उभरता है। यह बात मलयज हमें कुछ इस तरह से समझाते हैं—"'कनुप्रिया' में राधा के रूप में पौराणिक प्रतीकों के विकास-क्रम की दिशा में एक और निश्चित चरण की अभिवृद्धि हुई है। राधा भी गहरी तन्मयता के क्षणों की आन्तरिक निष्ठा और वस्तुपरक ऐतिहासिक युग-सत्य के संघर्ष को प्रश्नात्मक रूप में रखती है। मुझे ऐसा लगता है, मानो राधा भारतीय संस्कृति की मूल रागात्मक प्रवृत्ति के प्रतीक रूप में आ़धुनिक जटिल परिवेश के बीच भावी-युग-निर्माण में अपनी सार्थकता का महत्त्व बलपूर्वक स्थापित कर देना चाहती है। वह पौराणिक प्रतीकों के क्रम में विकास का अगला चरण इसलिए है कि वह अपनी सार्थकता मात्र संकेतित नहीं करती, वरन् आग्रह के साथ जतला देना चाहती है—एक विनम्र चुनौती के रूप में कि वस्तुपरक युग-चिन्तन का सत्य अन्ततः अर्द्धसत्य है। यही चुनौती नयी कविता के सामने भी है।"[16]

रामधारी सिंह दिनकर को अर्द्धनारीश्वर कवि कहा जाता है। लेकिन मुझे लगता है कि 'कनुप्रिया' 'परकाया-प्रवेश' का एक अच्छा उदाहरण है। इस दृष्टि से कोई भारती को भी अर्धनारीश्वर कवि कह सकता है। अन्धायुग यदि संघर्ष-काव्य है तो कनुप्रिया सौन्दर्य काव्य। 'कनुप्रिया' में भारती राधामय हो गये हैं। एक पुरुष राधा बनकर कृष्ण से जिरह करता है। 'कनुप्रिया' में कृष्ण से सवाल पूछने के लिए राधा को उद्धव को माध्यम बनाने की ज़रूरत नहीं पड़ती। 'कनुप्रिया' को हम स्त्री-चेतना का आधुनिक काव्य कह सकते हैं। 'कनुप्रिया' में स्त्री पुरुष को न तो ख़ारिज करती है न ही महिमामण्डित। राधा कृष्ण से उदारतापूर्वक अपना हक़ माँगती है—व्यक्तिगत हक़ भी और सामाजिक हक़ भी। विश्वम्भरनाथ उपाध्याय ने राधा को रीतिकालीन मुग्धा नायिका कहा है। यह सच है कि भारती ने 'कनुप्रिया' में प्रेम का बड़ा ही पुष्ट और मांसल चित्रण किया है। लेकिन इस तरह के चित्रण को हम 'रोमांटिक' कहकर ख़ारिज

नहीं कर सकते। उल्लेखनीय है कि डॉ. रघुवंश ने 'कनुप्रिया' को 'रोमांटिक' और 'आधुनिकता के बोध को अस्वीकार' करने वाला काव्य कहा। रघुवंश के अनुसार 'कनुप्रिया' की राधा में तन्मयता तो है पर सजगता नहीं। हमें यह समझना होगा कि 'तन्मयता' और 'सजगता' हमेशा एक दूसरे के विरोधी ही हों, यह ज़रूरी नहीं। 'तन्मयता' और 'सजगता' एक दूसरे के पूरक भी हो सकते हैं। 'कनुप्रिया' में ऐसा ही हुआ है। रमेश कुन्तल मेघ 'कनुप्रिया' में 'श्रम' और 'तन्मयता' को चारागाही संस्कृति की देन मानते हैं–"तन्मयता स्वतन्त्रता को व्यवस्था से संयोजित करने के प्रश्न को दबा देती है, काव्यकृति के धरातल पर राधा अस्तित्ववादी 'स्वतन्त्रता' का भी चुनाव करती है तथा हरेक सामाजिक स्थिति को सहज (भावाकुल तन्मयता) की कसौटी पर कसती है।"[17]

रामस्वरूप चतुर्वेदी 'कनुप्रिया' को 'अन्धायुग' की उत्तर कृति के रूप में नहीं, बल्कि पूरक कृति के रूप में पढ़ने की वकालत करते हैं। युद्ध में स्त्रियों का दुःख और त्याग की सामान्य तौर पर अवहेलना कर दी जाती है। इसे हम महाभारत में ही नहीं, बल्कि दुनिया के किसी भी युद्ध में देख सकते हैं। इसलिए युद्ध-काव्य में स्त्रियों के व्यक्तित्व के साथ न्याय करना कवि के लिए एक बड़ी चुनौती होती है। रामस्वरूप चतुर्वेदी ने ठीक ही लिखा है कि "महायुद्ध की विभीषिका में व्यक्ति का एकाकीपन कितना तीव्र हो जाता है। इसका गम्भीर संवेदन कनुप्रिया की राधा के माध्यम से होता है। सामूहिक जीवन के इस विशाल रूप में व्यक्ति अपने न किये हुए के लिए भी इतना ही उत्तरदायी है जितना कि अपने किये हुए के लिए अनुत्तरदायी है। एक गहरी विवशता उनके मन को बराबर सालती रहती है। कनुप्रिया की राधा उन अनेक प्रियतमाओं की प्रतीक है, जो महायुद्धों में अकेली पीछे छूट गयीं। सारे महाभारत में राधा को अपने व्यक्तित्व की कोई सार्थकता नहीं दिखाई देती। उसे यह बार-बार भान होता है कि वह समूचे इतिहास की प्रक्रिया से अलग हो गयी है और फिर राधा कोई साधारण प्रेमिका नहीं। वह ऐसी प्रेमिका है जिसके प्रिय की 18 अक्षौहिणी सेना है। महायुद्ध के टूटते हुए व्यक्तित्वों की कथा कनुप्रिया की मुख्य संवेदना है।"[18] जाहिर है कि कनुप्रिया की राधा का मूल्यांकन करने के लिए हमें नये काव्यशास्त्र की ज़रूरत पड़ेगी। 'कनुप्रिया' की राधा को रीतिकालीन नायिका कहना एक तरह से अपराध होगा–कनुप्रिया के साथ भी और धर्मवीर भारती के साथ भी। 'नयी कविता के प्रतिमान' और 'नये प्रतिमान पुराने निकष' जैसी किताबों के लेखक लक्ष्मीकान्त वर्मा ने 'कनुपिया' के सन्दर्भ में बहुत ही मार्के का सवाल उठाया है–

"क्या राधा की रागात्मक बौद्धिकता स्वयं यह नहीं सिद्ध करती कि वह प्राचीन निकषों पर रखकर विश्लेषित नहीं की जा सकती?...'कनुप्रिया' की राधा मात्र विप्रलम्भा या सविद्रता नायिका ही नहीं है वह कृष्ण के जीवन और उसके दर्शन को सहानुभूति के स्तर पर भी माँजती है और उसका विवेचन प्रस्तुत करती है। भावुक होने के साथ-साथ यद्यपि उसमें कैशोर तत्त्व भी है, लेकिन वह राधा के उन समस्त रूपों से भिन्न है जो जयदेव और विद्यापति से लेकर रीतिकालीन कवियों की कृतियों से चित्रित की गयी है। वह इतिहास की साक्षी भी है और इतिहास की स्रष्टा के साथ-साथ उसकी कटु आलोचक भी है। यह त्रिकोणीय संवेदना आज के आधुनिक सन्दर्भ में ही सम्भव थी। इसे हरिऔध 'प्रियप्रवास' में भी चित्रित नहीं कर सकते थे।"[19]

लेकिन हिन्दी आलोचना में ऐसे आलोचकों की भी कमी नहीं है जिसने अजीब तरह के तर्कों के सहारे धर्मवीर भारती के समस्त लेखन को ख़ारिज करने की कोशिश की है। यहाँ हम उदाहरण के रूप में धनंजय वर्मा को ले सकते हैं। धनंजय वर्मा ने भारती को शरीर का गायक कहा है—"सूर जिसे लीला समझ कर एक परिष्कृत सौंदर्य बोधात्मक दृष्टि से चित्रित करते हैं, उसे भारती संयोग की क्रिया बना देते हैं। अष्टछाप के कवियों में जो लीला और रास महाभाव बनता है, वह भारती में अतृप्त लालसा। यहाँ चरम साक्षात्कार के तन्मय क्षणों में भी वाचालता, उथलापन और छिछोरापन उभरता है।"[20]

हम जानते हैं कि 'कनुप्रिया' की भाषा पर भी आलोचकों ने आपत्ति दर्ज की है। अज्ञेय को कनुप्रिया की भाषा पसन्द नहीं आयी। जैसे 'राधन' सम्बोधन अज्ञेय को एकदम से नागवार लगा और राधा का परियों या जादू की बात करना भी। इस सन्दर्भ में दूसरा सप्तक से धर्मवीर भारती के 'वक्तव्य' का एक अंश उद्धृत भर कर देना पर्याप्त होगा—"भारती को लगा कि कविता की शहजादी इन आभार्विक कल्पनाओं, टेढ़े-मेढ़े शब्द-जालों, अस्पष्ट रूपकों और उलझे हुए जीवन-दर्शन की शिलाओं से बंधी उदास जल की तरह क़ैद है और भारती को चाहिए कि वह उसे उन्मुक्त कर सर्वथा मानवीय धरातल पर उतार लाये, ताकि वह फैली-फैली चाँदी की बालू पर आदम की सन्तानों के साथ बेहिचक आँखमिचौली खेल से उनके सीधे-सीधे सुख-दुःख, वासनाओं, कामनाओं को समझ सके, उन्हीं की बोली में बोल सके। इसलिए भारती ने सबसे पहले लिखे सरलतम भाषा में रंग-बिरंगी चित्रात्मकता से समन्वित साहसपूर्ण उन्मुक्त, रूपोपासना और उद्दाम

यौवन के सर्वथा मांसल गीत, जो न तो मन की प्यास को झुठलाएँ और न उसके प्रति कोई कुण्ठा प्रकट करें, जो सीधे ढंग से पूरी ताक़त से अपनी बात आगे रखें।"[21] भारती के इस 'वक्तव्य' से हिन्दी कविता के विकास में भारती की देन का कुछ अन्दाज तो हमें लग ही जाता है।

सन्दर्भ

1. राजेन्द्र यादव, *समायोजन-विद्यानिधि, स्थगित यात्राएँ* (काँटे की बात-6) प्रथम संस्करण 1998, वाणी प्रकाशन, नयी दिल्ली, पृष्ठ 33
2. साहित्य अकादमी, दिल्ली के लिए धर्मवीर भारती पर उदयप्रकाश की बनायी गयी डॉक्यूमेंटरी से उद्धृत
3. *वही*
4. *वही*
5. अज्ञेय (सं.), *दूसरा सप्तक*, संस्करण 2009, भारतीय ज्ञानपीठ, नयी दिल्ली, पृष्ठ 5-6
6. नामवर सिंह, सम्पादक, आशीष त्रिपाठी, *सम्मुख*, संस्करण 2012, राजकमल प्रकाशन, नयी दिल्ली, पृष्ठ 116-17
7. नामवर सिंह, *कविता के नये प्रतिमान*, संस्करण 2000, राजकमल प्रकाशन, नयी दिल्ली, पृष्ठ 89
8. *वही*, पृष्ठ 111
9. सम्पादक, चन्द्रकान्त बान्दिवलेकर, *धर्मवीर भारती ग्रन्थावली*, खण्ड-3, प्रथम संस्करण 1998, वाणी प्रकाशन, नयी दिल्ली, पृष्ठ 268
10. धर्मवीर भारती, *कनुप्रिया*, संस्करण 2020, भारतीय ज्ञानपीठ, नयी दिल्ली, पृष्ठ 07
11. सं. डॉ. देवीशंकर अवस्थी, *विवेक के रंग*, संस्मरण 1995, वाणी प्रकाशन, दिल्ली, पृष्ठ 101
12. *वही*
13. *वही*, पृष्ठ 100
14. सं. मुकुन्द द्विवेदी, *हज़ारीप्रसाद द्विवेदी ग्रन्थावली-4*, संस्करण 2007, राजकमल प्रकाशन, नयी दिल्ली, पृष्ठ 39
15. सं. चन्द्रकान्त बान्दिवलेकर, धर्मवीर भारती ग्रन्थावली खण्ड-3, प्रथम संस्करण 1998, वाणी प्रकाशन, नयी दिल्ली, पृष्ठ 432

16. सं. जगदीश गुप्ता, रामस्वरूप चतुर्वेदी, विजयदेवनारायण साही, *नयी कविता* खण्ड-1, संस्करण 2000, लोकभारती प्रकाशन, इलाहाबाद, पृष्ठ 177
17. डॉ. रमेशकुन्तल मेघ, *क्योंकि समय एक शब्द है*, पृष्ठ 438
18. रामस्वरूप चतुर्वेदी, *रत्नाकर से रघुवीर सहाय*, पृष्ठ 72
19. लक्ष्मीकान्त वर्मा, *नये प्रतिमान पुराने निकष,* संस्करण 1996, लोकभारती प्रकाशन, इलाहाबाद, पृष्ठ 9-10
20. धनंजय वर्मा, *आधुनिकता के प्रतिरूप, संस्करण 1986*, विद्या प्रकाशन मन्दिर, नयी दिल्ली, पृष्ठ 302
21. सं. अज्ञेय, *दूसरा सप्तक*, संस्करण 2009, भारतीय ज्ञानपीठ, नयी दिल्ली, पृष्ठ 159।

कनुप्रिया का काव्य बोध

विजय बहादुर सिंह

स्त्री केन्द्रित इस विमर्श काल में कामायनी और कनुप्रिया जैसी कृतियों पर सोचना असहज भी नहीं जान पड़ता। समूची बीसवीं सदी के गणमान्य लेखकों के रचना-संसार की याद करें तो मैथिलीशरण गुप्त, हरिऔध, जयशंकर प्रसाद या फिर 'सेवासदन' और 'ग़बन' वाले प्रेमचन्द्र सामने आ खड़े होते हैं। महादेवी के सृजन को भी यहाँ भुलाया नहीं जा सकता। सवाल सिर्फ़ यह कि स्त्री किन-किन सन्दर्भों में देखी गयी है। स्त्री-पुरुष सम्बन्धों के कितने मधुबन हैं और कितने कुरुक्षेत्र और तपोवन? एक यह सवाल भी उठेगा कि कनुप्रिया का कवि भी क्या इसी विचार और दृष्टि के गोत्र का है या फिर 'स्त्री' के बहाने वह किन्हीं अन्य जिज्ञासाओं और समाधानों की उलझन और सुलझन में फँसा हुआ है और इस प्रक्रिया में वह कभी जीवन की उस व्यावहारिक यथार्थ भूमि पर उतरता और विचरण करता है, तो कभी घनघोर रहस्यवादी तेवर अपनाते हुए कतिपय आध्यात्मिक संकेतों की सुगन्धें छोड़ता अपने पाठकों को एक ऐसी दार्शनिक भूमि पर ले जाने की योजना भी प्रदर्शित करता है जो हमारी परम्परागत पैराणिक स्मृतियों से सराबोर है।

इसमें दो मत नहीं कि भारत के कवि व्यक्तित्व के निर्माण में एक ओर जहाँ उनका गहरा अकादमिक अध्ययन है, वहीं दूसरी ओर क्षरणशील स्वच्छन्दतावाद भी जो उर्दू-हिन्दी की ऐसी रुझानों के साथ-साथ डी.एच. लारेंस जैसे लेखकों के मांसलतावाद को भी याद दिलाता है।

कनुप्रिया की भूमिका को कवि धर्मवीर भारती 'इतिहास की दुर्दान्त शक्तियाँ' और उनकी निर्मम गति से बीच उस मानव नियति की पहचान करने की पहल करते हैं, जो सहज कोमलता और 'चरम तन्मयता' का क्षण माना जाता है।

वह जो बाह्य इतिहास की प्रक्रिया से ज़्यादा मूल्यवान सिद्ध हुआ। एक ऐसा क्षण—जो हमें सीपी की तरह खोल गया है। इस तरह की समस्त बाह्य-अतीत वर्तमान और भविष्य सिमट कर उस क्षण में पूँजीभूत हो गया और हम हम नहीं रहे।

ग़ौर करें तो एक ओर घटता निरन्तर बनता और बिगड़ता निर्मम इतिहास है, तो दूसरी ओर वह सहज मन जो तन्मयता के क्षणों में डूबकर सार्थकता का अनुभव करता है। कनुप्रिया की मनोभूमि और जीवन-बोध इसी मूल्य की साध ाना के लिए हैं।

बीसवीं सदी का जीवन-बोध क्या है, यह एक बड़ा सवाल है। इसे खोजने और परिभाषित करने वालों में भारती कोई पहले नहीं हैं। उनसे काफी पहले कामायनी के कवि प्रसाद हैं, जिन्होंने 'श्रद्धा' और 'इड़ा' जैसे चरित्रों के माध्यम से इस सवाल को उठाया है और शुक्ल जी जैसे आलोचकों ने इस पर कड़ी और व्यंग्यात्मक टिप्पणी की है। फिर भी प्रसाद जिस समरसता का आग्रह लिये चलते हैं, उसमें किसी का नकार नहीं है, बल्कि एक ख़ास प्रकार के आनुपातिक सन्तुलन की माँग है।

कनुप्रिया में भारती जिस चरम तन्मयता के सहज क्षण की कल्पना करते हैं, वह सभ्यता का दूसरा छोर है, जो इतिहास के निर्मम और दुर्दान्त गतियों के सर्वथा विपरीत है। तब प्रसंगतः यह सवाल क्या उठाया जा सकता है कि भावना का सच ही एकमात्र वरेण्य सच है या फिर सांसारिक यथार्थ और उसकी चुनौतियाँ भी सत्य के किसी हिस्से में आती हैं? उपनिषदों में किये गये चिन्तन में 'प्रेय' मार्ग को प्राथमिक सच के रूप में देखा गया है। एक ऐसा मार्ग, जिसमें सांसारिक जीवन-प्रवाह सबसे बड़ा सच है। 'कनुप्रिया' इस दृष्टि से उसी प्रेय मार्ग की कथा है। इस सन्दर्भ में 'सृष्टि-संकल्प' खण्ड का 'आदिम भय' अंश देखने योग्य है, जिसमें कवि ने भौतिक जीवन की लीलाओं का प्रतिबिम्बन किया है—

सुनो मेरे बन्धु
अगर यह निखिल सृष्टि
मेरा लीलातन है
तुम्हारे आस्वादन के लिए
तो यह जो भयभीत है—वह छायातन
किसका है?
किसलिए है—मेरे मित्र? (पृष्ठ 42-43)

इस टुकड़े में जो ख़ास बात है, वह समकालीन मनुष्य की उस मानसिकता को जाहिर करती है, जो द्विधाग्रस्त है। सूर की गोपिकाओं पर लिखते हुए आचार्य हज़ारीप्रसाद द्विवेदी की याद करें तो उनका जीवन-बोध बिल्कुल भिन्न है। द्विवेदी जी अपने वक्तव्य में जिस दुविधामुक्तता और निर्द्वन्द्वता की बात करते हैं, वह कनुप्रिया में सिरे से अनुपस्थित है, उसकी मानसिकता गीता के प्रारम्भिक अंशों वाले अर्जुन जैसी ही है, जो तरह-तरह से संशयग्रस्त तो है ही प्रश्नाकुल भी कम नहीं है। यह संशयग्रस्तता और प्रश्नाकुलता ही कनुप्रिया का वास्तविक जीवन-बोध है। समूचे भारतीय साहित्य पर ध्यान दें, तो उसकी आधारभूत जीवन-दृष्टि यह नहीं है। ऐसा होता तो यहाँ रस सिद्धान्त जैसा काव्यात्मवाद स्वीकृति ही नहीं पाता। अगर वह हमारे काव्य और कलागत अनुभवों का चरम सोपान स्वीकारा गया है, तो उसके पीछे वह समूची जातीय चेतना और उससे फूटती दृष्टि है, जो समय को एक अखण्ड काल के रूप में देखती आयी है। साथ ही यह भी स्वीकारती आयी है कि जीवन का सौन्दर्य तो इसी सामंजस्य में है, जिसमें अमृत के साथ विष की उपस्थिति भी उसी का अनिवार्य अंश है। एक हिन्दी कवि के रूप में धर्मवीर भारती की यह काव्य चेतना कितनी भारतीय और कितनी औपनिवेशिक है, इस पर भी विचार करना ज़रूरी हो उठाना है। ऊपरी तौर पर तो सर्वांशतः यह हमारी परम्परा का ही हिस्सा लगती है। इसमें कृष्ण हैं, जो इतिहास-नियन्ता हैं, कर्मयोगी हैं, उनकी प्रिया राधा हैं, जिन्हें यहाँ कनुप्रिया के रूप में प्रस्तुत किया गया है। पर इस कनुपिया का व्यक्तित्व कितनी दूर तक जयदेव (गीत गोविन्द) और विद्यापति अथवा सूर की राधा से मिलता है, यह विचार का विषय है। एक सुपठित कवि पर, संयोगवश जो एक ख्याति विश्वविद्यालय का अध्यापक भी रहा हो, उसकी ज्ञान-परिधि में वे जानकारियाँ तो रहती ही हैं, जो विरासत के रूप में पहले से चली आ रही हैं। भारती के स्वाध्याय-क्षेत्र में रामायण-महाभारत, भागवत पुराण जैसे थाती-ग्रन्थ हमेशा रहे हैं। विद्यापति और सूर का काव्य उनकी अध्यापकीय चर्चा का हिस्सा ही रहा। इसलिए 'राधा' की छवि को लेकर उनका एक आधारभूत मानस तो बना ही रहा होगा। एक उपजीव्य की तरह उन्होंने उसे पहले से ही सँजो रखा होगा। तब कनुप्रिया के सन्दर्भ में यह ज़रूर सोचा जा सकता है कि वे स्वयं को क्या कनु या कृष्ण समझते और मानते रहे हैं? क्या कनुप्रिया प्रकारान्तर से उनका आत्मपरक सृजन है या फिर वे श्रीमद्भागवत, जयदेव के गीत गोविन्द, विद्यापति और सूरदास की

परम्परा से इन चरित्रों को आयात कर एक सर्वथा नये सवाल को जन्म देते हैं, जो हमारे अपने युग का है, ख़ासतौर से विश्व इतिहास का, जिसमें दो-दो महायुद्ध शामिल हैं। क्या इन महायुद्धों में, उनसे निर्मित विध्वंसात्मक इतिहास में मानव भावों की कोमलता का कोई एक भी क्षण अपनी उपस्थिति दर्ज कर सका है?

मेरे मन में यह सवाल भी बार-बार आता है कि इन विश्व-युद्धों के बावजूद भारत देश ने अपनी आज़ादी की जो लड़ाइयाँ लड़ीं और गांधी के नेतृत्व में, जिसकी प्रमुख धारा न केवल अहिंसात्मक, बल्कि एक हद तक घनघोर रूप से नैतिक और आध्यात्मिक थी, उसकी कोई भी छाप इस कवि पर क्यों नहीं पड़ सकी? गाँधी ने जो इतिहास रचा वह जितना उनका था, उतना ही कस्तूरबा के साथ उन महिलाओं और किसानों का भी था, जो निर्माणकारी शक्ति-संस्थान के रूप में पहचाने और जाने जाते हैं। 'अन्धायुग' और 'कनुप्रिया' का कवि इसका कोई नोटिस नहीं लेता। यद्यपि अपने गद्य-चिन्तन में वह गाँधी को याद ज़रूर करता है। न केवल याद करता है, बल्कि 'नयी मर्यादा का उदय' शीर्षक अपने गम्भीर वैचारिक निबन्ध में मार्क्स आदि विचारकों को दरकिनार कर यह लिखने में संकोच नहीं करता कि "गाँधी द्वारा प्रस्तुत जीवन दर्शन में मानव विवेक की स्वतन्त्रता की एक क्रान्तिकारी व्याख्या की गयी है। उनका यह कहना था, आचरण में न केवल संकल्प वरन् साध्य और साधन की एकता भी आवश्यक है।" यानी संकल्प और आचरण की एकतापरक मर्यादाएँ। भारती गाँधी की इस अद्वितीयता की याद करते हुए लिखते हैं, "इस प्रकार साध्य और साधन के बीच जो खाई पड़ गयी थी, उसकी यह सबसे नाजुक दरार थी और हमारे विवेक को पराधीन बनाने वाले सबसे बारीक, मगर सबसे मज़बूत जंजीर थी, जिसकी ओर गाँधी ने संकेत कर विश्व की विचारधारा को सबसे अधिक झकझोरा है।" परवर्ती वाक्यों में ढेर सारे पश्चिमी बौद्धिकों और विचारकों की सूची गिनाते हुए भारती फिर यह लिखे बीना नहीं रुकते कि ''सभी एक के बाद एक गाँधी-विनोबा की साध्य-साधन एकता के सिद्धान्त को ही अन्तिम औषधि के रूप में स्वीकार करते गये हैं। कृष्ण द्वारा उपदिष्ट निष्काम कर्म की मूल्य-मर्यादा को नये ढंग से विकसित किये बिना, मानव विवेक की इस अन्तिम हिंसापरक, मिथ्यापरक ज़ंजीर को तोड़े बिना भविष्य का स्वप्न सन्दिग्ध है।

भारती अपने दोनों ही काव्यों—अन्धायुग और कनुप्रिया में गाँधी की जगह कृष्ण को लेते हैं। एक जगह वे इतिहास नियन्ता और मानव-नियति की संरक्षक

शक्ति के रूप में आते हैं, तो दूसरी जगह उस लीलामय जगत के प्रथम पुरुष होकर जो इतिहास-निर्माता होकर भी अपनी प्रिया के अभाव में आधे-अधूरे ही नहीं हैं, बल्कि उनके द्वारा रचित सृष्टि भी अधूरी और एकांगी है।

तब क्या हम मानें कि इतिहास एक आधा-अधूरा उपक्रम है? हमारी सभ्यता का बाह्य कलेवर मात्र जो हमसे हमारा सहज अस्तित्व छीन लेता है? अन्ततः इतिहास करता क्या है? क्या वह सामाजिक जीवन को निरखने-परखने और उनके मार्फत किसी एक मूल्यबिन्दु पर पहुँच जाने की प्रक्रिया है? कुल मिलकार एक सामूहिक जीवन-प्रवाह, जिसका नेतृत्व कोई व्यक्ति-विशेष अपने समय के लोकजीवन के सहयोग से करता है। पश्चातकालों में यही व्यक्ति इतिहास का नायक बनकर समूची सभ्यता का प्रतीक-पुरुष बन जाता है। कृष्ण यही तो है। राम भी। रामायण-महाभारत अथवा रामचरितमानस इन्हीं की जातीय गाथाएँ हैं। किन्तु इनका कोई अपना व्यक्तिगत जीवन भी तो होता है, जिसे जीने की कामना और अभिलाषा ये करते होंगे। 'अन्धायुग' अगर कृष्ण का वह सामूहिक जीवन है, जो बहुधा त्रासद और आस्था-अनास्था के बीच खड़ा है, तो 'कनुप्रिया' वह व्यक्तिगत जीवन जहाँ सुदर्शन चक्र के बदले 'बाँसुरी' है। यह बाँसुरी केवल श्रीमद्‌भागवत् की नहीं है, गीतगोविन्द की भी है—

अक्सर जब तुमने वंशी बजाकर मुझे बुलाया है
और मैं मोहित मृगी-सी भागती चली आयी हूँ
और तुमने मुझे अपनी बाँहों में कस लिया है
तो मैंने डूबकर कहा है—
"कनु मेरा लक्ष्य है, मेरा आराध्य, मेरा गन्तव्य।"
पर जब तुमने दुष्टता से
अक्सर सखी के सामने मुझे बुरी तरह छेड़ा है
तब मैंने खीझ कर
आँखों में आँसू भर कर
शपथें खा-खाकर
सखी से कहा है—
"कान्हा मेरा कोई नहीं है, कोई नहीं है
मैं क़सम खाकर कहती हूँ
मेरा कोई नहीं है।"

पर दूसरे ही क्षण
जब घनघोर बादल उमड़ आये हैं
और बिजली तड़पने लगी है
और घनी वर्षा होने लगी है
और सारे वनपथ धुँधलाकर छिप गये हैं
तो मैंने अपने आँचल में तुम्हें दुबका लिया है
तुम्हें सहारा दे-देकर
अपनी बाँहों में घेर कर गाँव की सीमा तक तुम्हें ले आयी हूँ।

(पृष्ठ 28-29)

इन अतिभाव प्रणव और विभोरकारी पंक्तियों को पढ़ते हुए गीत गोविन्द का भाव-संगीत अनचाहे भी अनुगुंजित हो उठता है। गीत-गोविन्द पण्डितों और रसिकों की मण्डली के बीच ही क्यों स्वयं कवि के अपने उद्घोषों के अनुसार राध ाा और कृष्ण की केलिकथा है। उदात्त अर्थ की ओर जायें तो राग या कामकथा, जिससे सृष्टि साकार होती है। कुनप्रिया में चरम तन्मयता का क्षण अगर है, तो यही है जिसे आचार्यों ने 'रसो वै सः' कहकर याद किया है। कनुप्रिया के कवि ने भी अपनी कृति में वैसी ही लीलाओं का विधान किया है, जैसी कि जयदेव के यहाँ हैं। यह भिन्न बात है कि जयदेव कृष्ण-भक्तों की परम्परा में परिगणित हैं, जबकि भारती को लेकर ऐसा सोचना भ्रामक होगा। तथापि लीलादृश्यों की समरूपता तो लक्षित की ही जा सकती है—

वेणु श्याम के अधर-सुधारस-सिक्त सुमधुर निनादित
बाँकी चितवन चपल किरीट कपोल वतंस-विराजित
रास-विलास-हास-मुद-माते
श्याम-रूप मन-नयन जुड़ाते
... ...
वल्लव-विपुल-नितम्बवती-मुख-चुम्बन-लाभ-प्रलोभित
बन्धुक-मधुर-अधर-पल्लव उल्लसित मृदु-स्मित शोभित
अति-पुलकित-भुज-पल्लव-वलयित वल्लव-युवति दशक शत
कर-पद-उर-मणिभूषण-किरण-समूह तिमिर-नाशन-रत
जलद-पटल-तल-चल-शशि-निन्दक चन्दन-तिलक अलिक पर
निर्दय-निठुर-हृदय मर्दन में पीन-पयोधर-परिसर
... ...

करती हूँ गुण-ग्राम-गान भ्रम से भी कोपन करती हूँ
बिसरा सारे दोष-तोष ही मन में पोषण करती हूँ।

×× ×× ××

सखि री! कोशि-रिपु सहृदयवर
विचलित-मन मदनाकांक्षिणी मैं मिला हमें दे सत्वर
प्रथम समागम लाज-सित मै हिर-पटु-चाटु-वचन से
हूँगी सस्मित मुदित शिथिल पुनि जघन-वसन-कर्षण से
पर्ण-शयन पर सुला स्वयं उर मेरे शयन करेंगे
मै लिपटूँगी चूमूँगी हरि लिपट अधर पियेंगे....

(अनूदित अंशों से)

दोनों अंशों के अनुभव-प्रसंगों पर ध्यान दें, तो बहुत करीबी लगते हैं। हाँ, अभिव्यंजना-प्रकार और भाषाभिव्यक्ति में स्वभावतः कनुप्रिया हमें अपने पास की लगती है। दूसरे, जयदेव जिस काव्य-परम्परा से चलकर आते हैं, वह जीवन और उसके सम्बन्धों को जितने मुक्त और उन्मुक्त भाव से देखती आयी हैं, कनुप्रिया के कवि ने वग़ैर किसी भक्ति-भाव का अनुसरण किये, उसे शुद्ध लौकिक भावानुभूति पर व्यक्त करने का साहस प्रदर्शित किया है। भारती के कवि में यह साहस शुरू से रहा है, ख़ासकर 'दूसरा सप्तक' की कुछेक कविताओं से लेकर 'गुनाहों का देवता' के कतिपय प्रसंगों तक में। 'दूसरा सप्तक' की उनकी कविताओं के ये अंश यहाँ याद करना ज़रूरी हो उठता है–

अगर मैंने किसी होंठ के पाटल कभी चूमे
अगर मैंने किसी के नैन के बादल कभी चूमे

× × × × ××

न हो यह वासना, तो जिन्दगी की माप कैसे हो?
किसी के रूप का सम्मान मुझको पाप कैसे हो?
नसों का रेशमी तूफ़ान मुझ को पाप कैसे हो?

भारती का यह मांसल देह बोध कनुप्रिया में अपने वैभव को प्रदर्शित करता है और उस काव्य-साहस को भी जो हमें हमारी संस्कृत काव्य-परम्परा में मिलता है। 'मेघदूत' और 'कुमारसम्भव' के अंश तों यहाँ याद आते ही है, उर्दू का रोमानी काव्य भी कम याद नहीं आता। हिन्दी के पाठकों को भारती के कवि-मानस पर

डी.एच. लारेंस जैसे लेखकों का असर भी मालूम है। कुल मिलाकर भारती का कवि-व्यक्तित्व इन सबकी सम्मिलित उपज है। प्राचीनों की तरह भारती भी यह मानते से लगते हैं कि भौतिक जीवन का अपना भोग-पक्ष है, जो हमें उन भूमियों तक ले जाता है, जो जीवन की स्वाभाविक भूमियाँ हैं और जिनका भरपूर स्वीकार भी इस यथार्थ जगत की माँग है। इस दृष्टि से भारती अपने समकालीनों में अनन्य और अद्वितीय लगते हैं, जो हमें यह प्रस्ताव-सा देते लगते हैं कि जीवन का उन्मुक्त स्वीकार हमें परम्परागत जातीय जीवन-दृष्टि के पास ले जाता है। इस सन्दर्भ में सहज ही 'आँसू' और 'कामायनी' के साथ-साथ 'स्कन्दगुप्त' नाटक के कतिपय प्रसंगों की याद भी आती है। 'कामायनी' के श्रद्धा-सर्ग के ये अंश इस दृष्टि से उल्लेख्य लगते हैं–

तप नहीं केवल जीवन सत्य
करुण यह क्षणिक दीन अवसाद;
तरल आकांक्षा से भरा
सो रहा आशा का आह्लाद।
×× ×× ××
कर रही लीलामय आनन्द
महाचिति सजग हुई-सी व्यक्त,
विश्व का उन्मीलन अभिराम
इसी में सब होते अनुरक्त।
अकेले तुम कैसे अहसाय
यजन कर सकते तुच्छविचार।
तपस्वी आकर्षण से हीन
कर सके नहीं आत्मविस्तार।

सन्दर्भ और प्रसंग यद्यपि यहाँ गहरे दार्शनिक स्तर पर हैं, किन्तु 'कनुप्रिया' में जो मूल आकांक्षा है, वह 'कामायनी' के इस काव्यांश में भी पढ़ी जा सकती है– "तुम्हारा सहचर बनकर क्या न उऋण होउँ मैं बिना बिलम्ब?"

कनुप्रिया भी इसी सनातन सहचरत्व की तरल कामना की अभिव्यक्ति है। फ़र्क़ इतना ज़रूर है कि 'कामायनी' की श्रद्धा में भाव-दशा की जो अखण्डता है, वह यहाँ तमाम प्रकार के द्वन्द्वों और आशंकाओं से घिरी हुई है–

सुनो मेरे बन्धु
अगर यह निखिल सृष्टि
मेरा लीलातन है
तुम्हारे आस्वादन के लिए
तो यह जो भयभीत है—वह छायातन
किसका है?
किसलिए है—मेरे मित्र? (पृष्ठ 42-43)

कनुप्रिया की यह जो व्याकुल प्रश्नाकुलता है, वहीं इसका मूल है। आधुनिक काव्य-मानस की यह संशयग्रस्तता उस अनास्था की ओर संकेत करती है, जो हमारे युग-विशेष की पहचान होकर भी, हमारे पारम्परिक काव्यमानस से मेल नहीं खाती। तथापि इस कृति की विशेषता वह असाधारण अभिव्यक्ति है, जो हिन्दी कविता के लिए एक विशिष्ट उपहार कही जा सकती है। इस बिन्दु पर इसके आस-पास ही रची गयी दिनकर की 'उर्वशी' का अध्ययन निश्चय ही उत्तेजनापूर्ण और रोचक होगा। पर यह भी ध्यान में रखना होगा कि दिनकर की बर्हिमुखता और भारती की अन्तर्मुखता का फासला कितना है?

कनुप्रिया में भारती ने 'इतिहास' और व्यक्ति की सहज तन्मयता के चरम क्षण का जो द्वन्द्व-युग्म रचा है, उसके मार्फत वे जिस भावाकुल तन्मयता के क्षण का स्वप्न रचते हैं, वह कितनी साकारता पा सका है या फिर प्रश्न मात्र बनकर रह गया है, यह स्वतन्त्र परीक्षण का विषय है।

'अन्धायुग' अगर इतिहास की दुर्दान्त गति का काव्य है, तो कनुप्रिया एक सृजनशील जीवन का सम्मोहक स्वप्न है, जिसे हम दो-दो महायुद्धों के एक प्रतिवादी स्वप्न के रूप में देख सकते हैं या फिर स्वयं अपने युग की संशयग्रस्तता और जिज्ञासाकुलता के विरुद्ध उस तन्मयता की खोज, जो अब दिनों-दिन दुर्लभ होती जा रही।

प्रश्न यह है कि कनुप्रिया क्या इस तन्मयता के चरम क्षण की उपलब्धि का काव्य है? या फिर इसकी तलाश में निकल पड़े कवि की अप्रतिहत जिज्ञासा का काव्य? स्वयं कवि धर्मवीर भारती का अपना काव्य-मानस क्या है? वे जब 'महाभारत' की ओर जाते हैं, तब किस मूल्य की उपलब्धि कर पाते हैं और जब भागवत पुराण जैसे धर्मग्रन्थों की ओर लौटते हैं तब उस गोपी-भाव की उपलब्धि किस हद तक कर पाते हैं? सवाल यह भी है कि 'कनुप्रिया' कितनी दूर भागवत

पुराण की आध्यात्मिकता के समीप है? क्या भागवत की गोपियाँ और लीलाएँ कनुप्रिया की भी अपनी लीलाएँ हैं? या फिर बहाना मात्र? चरम तन्मयता के जिस क्षण की बात भारती उठाते हैं, क्या वे उसकी साधना-पद्धतियों से भी अपने कवि को एकाकार कर पाते हैं? क्या वे जयदेव, सूरदास आदि अष्टछाप के वैष्णव कवियों की मनोभूमि के एक और संस्करण हैं? अगर नहीं तो जहाँ-जहाँ उनका यह काव्य रहस्यगर्भी हो उठा है, उसका कारण क्या है? क्या उनकी कनुप्रिया जयदेव या सूर की राधा जैसी है? उत्तर होगा नहीं। भारती की 'कनुप्रिया' में जैसा एकालापी शिल्प रचा गया है, वह यद्यपि हमारे अपने युगबोध के हिसाब से तर्क संगत है, तथापि यह सवाल तो खड़े करता ही है कि इसका सम्बोध्य श्रोता इतना चुप क्यों है?

कनुप्रिया पढ़ते हुए ये सवाल मन को घेरते हैं और कुरेदने की स्थिति तक हमें किसी नतीजे पर पहुँचने की प्रेरकता देते हैं, किन्तु अन्ततः जो हमारे हाथ आता है या भाव की जिस भूमि तक हम पहुँच पाते हैं, वह कितनी तन्मयताकारी है? या जिज्ञासा और प्रश्नाकुलता ही इसके पाठक की अपनी उपलब्धि हैं?

कनु! तुम कौन हो?

डॉ. मीना कुमारी

बहुपठित एवं बहुअधीत भारती जी की चिन्तन-दृष्टि एवं सृजन-शक्ति अपनी मौलिकता एवं उदात्त काव्य-चेतना के कारण सर्वतोन्मुखी है। उनके काव्य विशद् सांस्कृतिक चेतना के जीवन्त दस्तावेज़ हैं, जिसमें सांस्कृतिक भव्यता, आध्यात्मिक दिव्यता एवं शिवता के वितान में जीवन और समाज को गतिमान रखने वाली स्त्री के अन्तरंग प्रेम, वियोग की अंगारी पीड़ा एवं आत्मिक-संघर्ष के स्फुलिंग धधकते हैं। भारती जी यह देख पाते हैं कि भारतीय संस्कृति एवं परम्परा की स्वघोषित भव्योदात्त अट्टालिकाओं ने स्त्री-अस्मिता एवं स्त्री-स्वातन्त्र्य के प्रकाश को तमिस्रा में बदलने का भयंकर षड्यन्त्र किया है। वे सांस्कृतिक गरिमा की ओट में स्त्री-जीवन के अन्तर्द्वन्द्व, मनोव्यथा, खीझ, छटपटाहट, भावुकता सभी को स्त्री-मन के गहन विवर में जाकर पकड़ते हैं। जीवन के प्रति सार्थक दृष्टि, जनता और समाज के हितों के प्रति प्रतिबद्धता, नारी के प्रति गहन संवेदनशीलता, सामाजिक-राजनीतिक-ऐतिहासिक विषमताओं से जूझने का जज़्बा जहाँ उनके काव्य-नाटकों की ख़ूबियों को प्रत्यक्षीकृत करता है, वहीं भाव और भाषा का सहमेल युगीन जटिलताओं को पूर्णरूपेण उजागर करने में भी सर्वथा समर्थ सिद्ध हुआ है। भारती जी के काव्य इन आयामों पर अधिक आलोडित करते हैं, मन को रंजित करते हैं और स्त्रियों की अस्मिताकामी चेतना के व्याज से जनपक्षधरता के शिव-संकल्प को प्रोचित करते हैं।

युद्ध की कविताएँ मानव इतिहास के सबसे क्रूरतम और अन्धकारमय समय को दर्ज करती है और दीप्त क्षणों को भी। पाश्चात्य इतिहास में युद्ध की सबसे पहली कविता एन्धदन्ना 2300 ई. पू. सुमेर के एक पुजारी द्वारा प्रणीत मानी जाती है जिसने युद्ध के ख़िलाफ़ अपनी आवाज़ बुलन्द की :

आप एक पहाड़, रक्त की आत्मा, घृणा, लालच और क्रोध,
स्वर्ग और पृथ्वी के प्रभुत्व के नीचे भाग रहे हैं।

और इसके लगभग एक सहस्राब्दी बाद यूनानी कवि होमर ने युद्ध के विनाशकारी और विध्वंसक लीला को अपनी क्लासिक 'इलियाड' रचना में दर्ज किया। कनुप्रिया का मूल मन्तव्य इसी भाव को सम्प्रेषित करना है। भारती जी ने कनुप्रिया में तद्‌युगीन समय-समाज एवं आधुनिक जीवन की समस्याओं को टटोलकर आधुनिक भावबोध से राधा-कृष्ण के अमित प्रेम को अपने कथानक का केन्द्रीय विषय बनाया है। अध्यात्मपरक अनुभूति, मानसिक अन्तर्द्वन्द्व एवं प्रेमाभिव्यक्ति से समृद्ध इस कृति में राधा के चरित्र एवं मनःस्थिति का विकास बड़े क्रमबद्ध से किया गया है। 'पूर्वराग' और 'मंजरी परिणय' उस विकास के प्रथम चरण हैं, 'संकल्प सृष्टि' द्वितीय चरण तथा तीसरा चरण 'इतिहास', जहाँ कृष्ण द्वारा इतिहास-निर्माण-प्रक्रिया को कनुप्रिया के माध्यम से देखा गया। तीसरे खण्ड में राधा के चरित्र को जिस ढंग से भारती जी विकसित करते हैं, वह इस रचना की महत्तम उपलब्धि है।

कृष्ण के प्रति असीम अनुराग और उत्कट प्रेम 'कनुप्रिया' के मूल भावबोध में अवस्थित है। कई स्त्रीवादी आलोचकों को राधा के प्रसंग में कृष्ण से ढेरों शिकायतें हैं; इसलिए यह समीचीन होगा कि राधा के बारे में थोड़ी बात हो जाये। कथाकार-चिन्तक अनुराधा और मनीषा जी की कृष्ण और राधा के सन्दर्भ में टिप्पणियाँ बेवजह लगती हैं। 'स्त्री-वस्तुकरण की प्रक्रिया और राधा का विकास' आलेख में अनुराधा जी की टिप्पणी है; "यही वह कृष्ण भक्ति है, जिसे आचार्य शुक्ल के अनुसार जनता के मुरझाये मन को हरा-भरा करने के लिए खड़े किया है? शुक्ल जी ने सूर काव्य में जीवनोत्सव देखा। बालक कृष्ण युवती राधा की नीबी में हाथ डाल दे और युवती उसे रोक पाने में असमर्थ हो! पितृसत्तात्मक विलासिता या सामन्ती उच्छृंखलताओं को जीवनोत्सव का क्या कहना?"[1] कृष्ण और राधा के साहचर्य और गहन प्रेम की बात यदि छोड़ भी दें, क्योंकि प्रेम को किसी वाद विशेष के चश्मे से देखने में विद्रूपता ही दिखेगी, तो इस सन्दर्भ में प्रभाकर श्रोत्रिय जी की टिप्पणी ग़ौरतलब है, "आत्मसमीक्षा के अभाव में भक्ति-काव्य के एक अंश ने आगामी रीति-कवियों को एक भोगवादी मार्ग दिखाया, इस में शक नहीं। ...भक्तियुग किसी हद तक रीतियुग को सरंजाम दे

रहा था।"[2] इस टिप्पणी में दो पदबन्ध ध्यातव्य हैं : 'एक अंश ने' तथा 'किसी हद तक'। अपने आनन्द के प्रयोजन से कृष्ण-राधा प्रेम के ब्याज से काव्य रचने वाले मध्यकालीन कवि भी मनुष्य थे, जो सेक्स, फ़ीयर और इगो से संचालित होते होंगे। ऐसे में भक्ति-काव्य के एक अंश का ऐसा हो जाना स्वाभाविक ही था। मनीषा जी की टिप्पणी है, "सीता ने राम के लिए तमाम कष्ट सहे, राजसी ठाट-बाट छोड़ दिये पर अन्ततः उन्हें औरत होने की सज़ा भुगतनी पड़ी। राम ने उन्हें घर से निकाल दिया, वह भी मात्र एक लांछन के चलते। दूसरी तरफ़ राधा का प्रेम है, जबरदस्त, असीम, अनन्त। वह कृष्ण प्रेम में दीवानी है, मगर 16 हज़ार रानियों के शौहर लीलामग्न हैं। राधा उनकी ब्याहता कभी नहीं बनी, इसलिए राधा को देवी का दर्जा भी नहीं दिया गया। हिन्दू धर्म का शायद बड़प्पन ही है (या हो सकता है यहाँ कोई चूक हो गयी हो) कि मन्दिरों में कृष्ण के साथ राधा भी हैं। मन्दिर में आकर वह पूजनीय हो जाती है, वरना अकेली, असहाय, आँसू बहाती वह प्रेम-अगन में तड़पती रहती।"[3] इस आपत्ति का कुछ हद तक जवाब डॉ. आभा ठाकुर अपने लेख अकुण्ठ प्रेम के स्त्री प्रश्न; कनुप्रिया में देते हुए लिखती हैं, "मनीषा की अधिकांश बातों से सहमत होते हुए इस बात से सहमति सम्भव नहीं कि कृष्ण की ब्याहता न होने के कारण राधा को देवी का दर्जा नहीं दिया गया। इसका प्रमाण न केवल बरसाने में स्थित राधा-रानी का मन्दिर है, बल्कि तमाम ऐसे मन्दिर और भी हैं, जिनमें राधा जी की पूजा स्वतन्त्र रूप से होती है। लोक में राधा को जो सम्मान प्राप्त हुआ, वह भारतीय जनजीवन में व्याप्त लचीलेपन की ओर संकेत करता है। वह हमारे लोक जीवन का खुलापन अपने उदार स्वरूप में निश्चित रूप से चौंकाता है।"[4] सोचने वाली बात यह है कि 16 हज़ार पत्नियों के साथ कृष्ण के लीलामग्न होने की बात ही क्यों आती है? वस्तुतः यह स्थिति कृष्ण का चयन नहीं, उनके व्यक्तित्व की उदात्तता का प्रमाण थी, सामाजिक ताने-बाने को बनाये रखने के निमित्त थी। अपनी पत्नी सत्यभामा की सहायता से नरकासुर का संहार कर कृष्ण ने उसके द्वारा अपहृत 16 हज़ार राजकुमारियों को मुक्त कराया। अपने परिजनों द्वारा परिवार में पुनः न स्वीकृत होने पर कृष्ण ने महाभाव से उन्हें स्वीकार कर अपना गोत्र और कुलनाम दिया था। यहाँ स्व-चयन और समता के धरातल पर घटित रागात्मक प्रेम नहीं है। कह सकते हैं कि *"वो बात सारे फ़साने में जिसका ज़िक्र न था/वो बात उनको बहुत ना-गवार गुज़री है।"*

राधा 'महाभारत' महाकाव्य की पात्र नहीं है। जिस राधा का उल्लेख महाभारत में प्राप्त होता है, वह है कर्ण की धातृमाता, इसलिए कर्ण स्वयं को राधेय कहते हैं। विविध पुराणों के विविध प्रसंगों में हमें राधा का उल्लेख मिलता है। इसके अन्दर विशेष रूप से लक्षणीय बात यह है कि जिस श्रीमद्भागवत में श्रीकृष्ण की ब्रजलीला का सबसे विस्तृत और मधुर वर्णन है, जिस पुराण में राधातत्त्व और कृष्णरसतत्त्व की स्थापना के लिए गौड़ीय-वैष्णवों ने प्रधान अवलम्बन बनाया है, उस भागवत पुराण में 'राधा' का स्पष्ट उल्लेख नहीं है। भागवत के दसवें स्कन्ध में रासलीला के वर्णन-प्रसंग में हम देखते हैं कि रास मण्डल में कृष्ण अपनी एक प्रियतमा को लेकर ग़ायब हो गये हैं। उन्होंने उस प्रियतमा गोपी को लेकर विचित्र प्रकार की क्रीड़ा की थी। कृष्ण को ढूँढ़ते-ढूँढ़ते विरहातुर गोपियों ने वृन्दावन के एक वन में श्रीकृष्ण के ध्वज व्रजकुशयुक्त आदि पदचिह्न के साथ एक और ब्रजबाला का पदचिह्न देखा और इस परम सौभाग्यवती कृष्ण की प्रियतमा को लक्ष्य करके कहा था—

अनयाराधितोनूनंभगवान्हरिरीश्वरः।
यन्नोविहायगोविन्दःप्रीतोयामनयाद्रह।।

(श्रीमद्भागवत 10/20/24)

इससे (इस रमणी के द्वारा) निश्चय ही भगवान ईश्वर हरि आराधित हुए हैं, इसलिए गोविन्द हमें छोड़कर प्रसन्न होकर इस निराली जगह ले आये हैं "इस अनयाराधितः शब्द के अन्दर ही राधा का सन्धान हुआ। यहाँ अनयाआराधितः या अनयाराधितः इन दोनों प्रकार के पाठ को स्वीकार किया जा सकता है। दोनों पाठों का एक ही अर्थ है। श्रीधर स्वामी ने इस श्लोक की टीका में कुछ भी नहीं लिखा है, लेकिन सनातन स्वामी ने अपनी वैष्णवतोषणी टीका[5] में कहा है—

अनयैवआराधितःआराध्यवशाकृतः न त्वसमाभिः।
राधयतिआराधयतीतिराधेतिनामकारणंच दर्शितं।

विश्वनाथ चक्रवर्ती ने कहा है कि "नूनंहरिरयंराधितः। राधा इतःप्राप्तः"। ध्यातव्य है कि 'रास पंचाध्यायी' के पाँच अध्यायों में कामदेव रासमण्डल का विवर्जित देवता है। कृष्ण के महारास-मण्डल में प्रवेश का प्रयास करते समय वह मूर्छित हो जाता है और उसके अनुचर उसे उठा ले जाते हैं। काम को सेक्स का पर्याय मानने वालों को ये पाँच अध्याय ध्यानपूर्वक पढ़ने चाहिए; चर्चित उक्ति है; ''विद्यावतांभागवते परीक्षा।''

राधावाद का बीज भारतीय शक्तिवाद में निहित है; वही शक्तिवाद वैष्णव धर्म और दर्शन में भिन्न-भिन्न प्रकार से प्रक्षेपित होकर, विभिन्न युगों और विविध देशों में अभूतपूर्व परिणति को प्राप्त हुआ है; उसी क्रम परिणति की एक विशेष अभिव्यक्ति राधावाद है। कनुप्रिया में भी राधा चरम तन्मयता का क्षण बनकर साक्षात हुई हैं, जिसने हमारे अन्तरतम को ऐसे निहारा कि हमारी पहचान बदल गयी। इसके प्राक्कथन में धर्मवीर भारती का कृति को रचने और पढ़ने के सम्बन्ध में जो आग्रह है, उसे केन्द्र में रखकर ही इसके मूल सन्देश तक सहज ढंग से पहुँचा जा सकता है। "यह सब जो बाहर का उद्वेग है—महत्त्व उसका नहीं है-महत्त्व उसका है जो हमारे अन्दर साक्षात्कृत होता है—चरम तन्मयता का क्षण जो एक स्तर पर सारे बाह्य इतिहास की प्रक्रिया से ज़्यादा मूल्यवान होता सिद्ध होता है, जो क्षण हमें सीप की भाँति खोल देता है—इस तरह कि अतीत, वर्तमान और भविष्य सिमट कर उस क्षण में पूँजीभूत हो गया है और हम हम नहीं रहे।"[6] इसलिए कनुप्रिया का चरित्र और उसकी दृष्टि से युद्ध ोपरान्त परिणामों का मन्थन इस कृति को महनीय बना देता है। काई-कलुष और क्षुद्र स्वार्थन्यस्तपुरुष के इस संसार को जो शान्ति पर युद्ध को वरीयता देता है, प्रेम के स्थान पर कलुषता को महत्ता देता है; उसकी निरर्थकता को उद्घोषित करने की कवि की जो उत्कट उत्कण्ठा है, वह कनुप्रिया के व्यक्तित्व के उजास को उद्घाटित करती है। कनुप्रिया कृष्ण की महाशक्ति, पराशक्ति, आन्तरिक भावसत्ता है, अन्तर्मन की विराट चेतना की परिणति है; इसलिए यहाँ किसी शंका या जिरह का भाव नहीं, बल्कि भावसिक्त संवेगों की तरलता मौजूद है और इसी से उपजे प्रश्न, जिज्ञासाएँ और प्रतिक्रियाएँ कनुप्रिया को अलग मक़ाम पर ले जाती हैं।

भारती जी कनुप्रिया के माध्यम से मानवीय संवेदन के एक नये तल का संस्पर्श करते हैं जो आघातों से छलनी होते मनुष्य को सहानुभूति और संवेदना की तरलता देकर उसके जख़्मों पर मरहम रखने का काम करता है। कनु से एकनिष्ठ प्रेम उसे सार्थक बनाता है, संयमित करता है, प्रगल्भ बनाता है एवं परहितसुखाय में स्वान्तः सुखाय की अनुभूति सम्पन्नता भी देता है। प्रेम और स्वाभिमान उसके जीवन की सबसे बड़ी निधि है जिसके रक्षार्थ वह सदैव तत्पर रहती है। वह आत्ममन्थन करती है, तर्क करती है और अपने जीवन के विरहजन्य कष्टों के विश्लेषण और अधिकारों के लिए कनु से विमर्श भी करती है।

उसके व्यक्तित्व के उज्ज्वल पक्ष को उसके जीवन-संघर्ष ने तो उभारा-सँवारा ही है; कनु की अभय निकटता एवं गहन सहृदयता ने भी उसे ऊहापोहों, अनुमानों, कल्पनाओं, प्रश्नों, आत्मनिर्णयों, निश्चयों के साथ सतत जूझने वाली आत्मचेतस स्त्री बना दिया है। कनुप्रिया का एकालाप, प्रलाप, संलाप और समय-समय पर किया गया आत्मविमर्श न केवल भावानुभूतियों को बहुसंश्लिष्ट एवं बहुस्तरीय सन्दर्भों में व्याख्यायित करने की प्रकाश-दृष्टि देता है, बल्कि इसके प्रभाव से उसके और कनु के अन्तस के तम और विकारों का शमन भी होता है।

कृष्ण कोई साधारण पुरुष नहीं थे। वह राधा के आराध्य, अनन्य प्रेमी, सखा, सहचर, बन्धु सब थे। राधा उन्हीं के माध्यम से अपने निजत्व को प्राप्त कर पायी थी, अपने आन्तरिक अर्थ का सन्धान कर पाती है—

क्या इसलिए तुमने बार-बार यह कहा है/
कि तुम अपने लिए नहीं, मेरे लिए मुझे प्यार करते हो
और क्या तुम इसी का प्रमाण दे रहे थे/
जब तुम मेरे ही निजत्व को , मेरे आन्तरिक अर्थ को
मेरी माँग में भर रहे थे/
और जब तुमने कहा कि "माथे पर पल्ला डालो!"
तो क्या तुम चिता रहे थे/कि अपने इसी निजत्व को,
अपने आन्तरिक अर्थ को/मैं सदा मर्यादित रक्खूँ, रसमय और
पवित्र रखूँ, नववधू की भाँति[7]

अपने आन्तरिक अर्थ को रसमय, पवित्र और मर्यादित रखने की चेतावनी यहाँ इसलिए भी महत्त्वपूर्ण है कि स्त्री बहुत संघर्ष के बाद ही अपने अस्तित्व का सही अर्थों में संधान कर पाती है। देह से ऊपर उठकर पुरुष उसके अन्तरतम में उतर कर उसकी इयत्ता को पहचान पाता है जो केवल अकुण्ठ प्रेम और अनन्य विश्वास से ही सम्भव है।

इतिहास और पुराकथाओं के स्त्री-पात्रों से संवाद करते हुए भारती जी अपनी स्त्री-दृष्टि विकसित करते हैं। उसमें स्त्री के वर्तमान की आवाज़ाही, उसके अतीत और भविष्य में लगातार बनी रहती है, इसलिए कनुप्रिया का आत्मालोचन और उसके द्वारा कनु की भावस्थिति का विश्लेषण ज़्यादा प्रामाणिक और कनविंसिंग लगता है, इसलिए जब उनके कृष्ण इतिहास-निर्माण के क्षणों में राधा को विस्मृत करते हैं, तो राधा उन्हें याद दिलाती है कि वह उनके लिए क्या थी—

तुम्हारी शक्ति तो मैं ही हूँ/
तुम्हरा सम्बल, तुम्हारी योगमाया
इस निखिल पारावार में/मैं ही परिव्याप्त हूँ
विराट, सीमाहीन, अदम्य, दुर्दान्त...
ओ मेरे स्रष्टा/तुम्हारे सम्पूर्ण अस्तित्व का अर्थ है
मात्र तुम्हारी सृष्टि/तुम्हारी सम्पूर्ण सृष्टि का अर्थ है
मात्र तुम्हारी इच्छा/और तुम्हारी सम्पूर्ण इच्छा का अर्थ हूँ
केवल मैं! केवल मैं!! केवल मैं!!![8]

स्वाभिमान के तेज से दीप्त नारी के ये मनोद्‌गार हैं जो पुरुष की सत्ता और उसकी सामाजिक रीतियों और इतिहास को आईना दिखाती है कि पूरी सृष्टि और अलौकिक की सम्पूर्ण इच्छा का मूलाधार एकमात्र कनुप्रिया है। वह अपने अस्तित्व, अपनी इयत्ता को उस प्रेमी कनु पर स्थान देती है, जो उसका एकमात्र अन्तरंग सखा है, उसका रक्षक, बन्धु, सहोदर है, उसका लक्ष्य, आराध्य और गन्तव्य भी है। राधा के प्रेम की अनुभूतियों को घटनाक्रम के रूप में प्रस्तुत कर भारती ने नारी अन्तर्मन की अतल गहराइयों की थाह लेने की चेष्टा की है। राधा-कृष्ण के शाश्वत प्रणय-गाथा को अपनी गहन संवेदना से सिक्त कर उन्होंने राधा के चरित्र को ऐसे उभारा है जो कि वह कई नारियों के विविध स्वरूप का विराट समन्वय नज़र आती है। राधा कृष्ण की आन्तरिक शक्ति है, उसे अपनी शक्तियों का आभास भी है। वह कृष्ण को सर्वथा समर्पित है। उसके लिए तो कृष्ण के साथ चरम साक्षात्कार का क्षण इतना महनीय और विराट है, जिसके समक्ष इतिहास बौना पड़ जाता है। उस इतिहास को रचने के लिए, तात्कालिक राजनीतिक घटनाक्रम का रुख मोड़ने के लिए कृष्ण जिस तरह राधा और गोकुलवासी को जमुना-तीरे छोड़ जाते हैं। वह उसे स्वीकार्य नहीं है। वह कृष्ण जो राधा की प्रतीक्षा में उसके नाम की वंशी टेरा करते थे, जो अपने नैराश्य और गहन अन्धकार के क्षणों में कनुप्रिया की छाती से लगकर ही चैन पाते थे, उनके इस तरह छोड़ जाने से वह बौखला जाती है। विप्रलब्धा राधा वेदना और पीड़ा में डूब कृष्ण से जो सवाल करती है, वह मनुष्य मात्र के इतिहास, समाज, संस्कृति और राजनीति सबको कठघरे में खड़ा कर देते हैं। वह सजग, आत्मचेता स्त्री कनु की महानता के निमित्त होम अपने उत्तमांश की उपेक्षा बर्दाश्त नहीं कर पाती। उद्देश्य, धर्म-कर्म, न्याय-दण्ड, पाप-पुण्य जैसे निरर्थक प्रतीत होते पदों के

लिए वह अपने अकुण्ठ प्रेम की गहरी तन्मयता की उपेक्षा कर युद्ध की वरीयता की सार्थकता को कहीं से जस्टिफाई नहीं कर पाती; इसलिए वह अपने प्राणप्रिय कनु से प्रश्न करती है–

अच्छा, मेरे महान कनु,/मान लो कि क्षण-भर को
मैं यह स्वीकार कर लूँ/कि मेरे सारे तन्मयता के गहरे क्षण
सिर्फ़ भावावेश थे,/सुकोमल कल्पनाएँ थीं,/
रंगे हुए, अर्थहीन आकर्षक शब्द थे/मान लो कि/क्षण भर को
मैं यह स्वीकार कर लूँ/कि/पाप-पुण्य, धर्माधर्म, न्याय-दण्ड/
क्षमा शील वाला तुम्हारा युद्ध सत्य है/...
मान लो मेरी तन्मयता के गहरे क्षण रंगे हुए,
अर्थहीन, आकर्षक शब्द थे/तो फिर सार्थकता क्या है कनु ?

जीवन-सत्य क्या है? युद्ध अथवा प्रेमदोनों आपसे अपना सर्वस्व निछावर करने की आकांक्षा रखते हैं। तो फिर प्रेम को सत्य क्यों न माना जाये, जिससे लोक का आत्यन्तिक कल्याण सम्भव है। कनुप्रिया मूर्तिमान स्पंदचेतना है और यही उसकी स्पृहणीय विशेषता है। वह जानती है कि जीवन में निहित विराटता का साक्षात्कार प्रेम से ही सम्भव है। यह वह बृहत्तर मानव-मूल्य है जो व्यक्ति को पूर्ण और सार्थक बनाता है। कनु के प्रति पूर्णतया समर्पित होकर ही वह अपना आन्तरिक अर्थ पाती है और इसलिए न केवल कृष्ण, बल्कि समूचे मानव-समाज के प्रति, उसके मन में करुणा और प्रेम का ऐसा उद्वेग उठता है कि समूचा बन्धन टूट जाता है और वह सत्य का रहस्य पा लेती है। अपने प्रेम को सबके समक्ष अकुण्ठभाव से स्वीकारती है :

तुम मेरे कौन हो...
इस निराधार भूमि पर/
चारों ओर से पूछे जाते प्रश्नों की बौछार से
घबराकर मैंने बार-बार/
मैंने शब्दों के फूलपाश में जकड़ना चाहा है :
सखा-बन्धु-आराध्य/शिशु-दिव्य-सहचर
और अपने आप को नयी-नयी व्याख्याएँ देनी चाही है;
सखी-साधिका-बान्धवी/माँ-वधु-सहचरी/

और मैं बार-बार नये-नये रूपों में
उमड़-उमड़कर/तुम्हारे तट तक आयी/
और तुमने हर बार अथाह समुद्र की भान्ति
मुझे धारण कर लिया-/

लीन कर लिया-/
फिर भी अकूल बने रहे।[10]

प्रश्नों की बौछार से नारी मन में जो भाव सहज उभरता है वह है संकोच और उत्तर देने की असहजता। कनुप्रिया भी सवालों से घबराती है। लेकिन वह विप्रलब्धा राधा के लिए प्रेम कोई दुराव-छिपाव का विषय नहीं है, वह मन का सहज भाव है, आत्मिक भाव की उद्दात परिणति है और समस्या सारी कृष्ण के अकूल बने रहने में ही केन्द्रिभूत है। वह जैसे प्रेम करते हैं, वैसे ही युद्ध। उनके इतिहास-निर्माता रूप को कनुप्रिया समझ नहीं पाती, लेकिन उसका विश्वास है कि भले कृष्ण के लिए युद्ध ही युगसत्य हो; लेकिन उसका अपना जो हासिल है वह है—उनके साथ तन्मयता में बिताये अकुण्ठ प्रेम के क्षण। ये क्षण ही सच हैं, सार्थक हैं क्योंकि "वे दुविधाहीन मन की संकल्पनात्मक अनुभूति हैं और युद्ध दुविधा की उपज, अनजिये सत्य का आभास।"[11] दरअसल, पुरुष-स्त्री की मानसिक बनावट ही भिन्न है। युद्ध और रागात्मक सम्बन्ध को लेकर स्त्री-पुरुष की विचार-प्रक्रिया में ही विभेद है। महादेवी जी ने लिखा है, "स्त्री केवल शारीरिक और मानसिक दृष्टि से ही युद्ध के अनुपयुक्त नहीं रही, वरन युद्ध उसके विकास में भी बाधक रहा है। जिसे कल की आशा नहीं, जिसके नेत्रों में मृत्यु की छाया नाच रही है, उस सैनिक के निकट उसके सामने केवल स्त्री है। उसके त्याग, तपस्या, साधना-प्रेम आदि का वह क्या करेगा?इन गुणों का विकास तो साहचर्य में ही सम्भव है।... इसी से प्रायः युद्धकाल में स्त्री कभी पूर्ण स्त्री नहीं बन सकी। कुरुक्षेत्र की रुधिर-स्नाता द्रौपदी न महिमामयी जननी के रूप में हमारे सम्मुख आयी और न ही गौरवान्वित पत्नी के रूप में प्रकट हुई। वैभव की उच्च सामग्रियों के समान शत्रु भय के कारण भागते फिरने वाले पाण्डव भाइयों में बाँटी गयी और युद्ध का निमित्त मात्र बनकर जीवित रहने को बाध्य की गयी। वास्तव में स्त्री के गुणों का विकास समाज के शान्तिमय वातावरण में ही है, चाहे समय के अनुसार हम इसे न मानने पर बाध्य हों।"[12]

मिथक कथाओं के ब्याज से आधुनिक सन्दर्भों एवं स्थितियों पर गम्भीर प्रश्न खड़ा करने में धर्मवीर भारती को महारत हासिल है। वह मँजे हुए कलाकार हैं। 'अन्धायुग' में जिन प्रश्नों को वे एड्रेस कर रहे थे, वह युद्ध के बाह्यगत परिणामों से सन्दर्भित था, लेकिन वह युद्ध मनोजगत को कैसे प्रभावित करता है, सद्इच्छाओं और सद्भावना को कैसे लील जाता है, जीवन के संवेगात्मक उद्देश्य और मनोहर अनुभव संवेदन को कैसे दिशाहीन बना देता है, उसी का विश्लेषणात्मक अनुभावन कनुप्रिया है–

> *यह आम्रवृक्ष की डाल/उनकी विशेष प्रिय थी/तेरे न आने पर/सारी शाम इस पर टिक/उन्होंने वंशी में बार-बार/तेरा नाम टेरा था-/आज यह आम की डाल/सदा-सदा के लिए काट दी जायेगी/क्योंकि कृष्ण के सेनापतियों के/वायुवेगगामी रथों की गगनचुम्बी ध्वजाओं में/यह नीची डाली अटकती है।*[13]

सामान्यतः भारतीय लोकवृत्त में राधा-कृष्ण के प्रेम के कुछ विशेष अवस्थान हैं। काँख में गागर लिए घाट पर पानी भरने के रास्ते में या उस पोखरे के पास राधा को कृष्ण का साक्षात्कार हुआ, नहीं तो गायों को चराते हुए कृष्ण की बंशी सुन प्रेमासक्त हुई; नहीं तो दूध-दही लेकर हाट चली है, रास्ते में कृष्ण से भेंट और मिलन भी हुआ है। भारतीय रमणियों के लिए किशोरवय में प्रवेश करते ही या दूसरी अन्य दशाओं में भी 'घर हइते आँगना विदेश' (अपने घर के आँगन में जाना विदेश गमन हो जाता है)। ग्रामीण जीवन के इस प्रकार की सामाजिक परिस्थिति में प्रेम करने के जो-जो सुभीते थे, राधा की प्रेमलीला में हम केवल उन्हीं का उल्लेख या प्रसिद्धि पाते हैं और ऐसे में वे आम्रवृक्ष और कदम्ब के पेड़ जो रागात्मक लीलाओं के आश्रय हैं, उन्हें काटे बिना युद्ध की बात तो सोची नहीं जा सकती है। युद्ध और शान्ति की मूल संरचना और अनुभव संवेदन में जो मूल अन्तर है, उसका केन्द्र दोनों के स्वभावजन्य विभेदता एवं जीवन एवं जगत को देखने के पृथक् दृष्टिकोण में निहित है। महादेवी जी 'शृंखला की कड़ियाँ' में लिखती हैं, "नारी का मानसिक विकास पुरुषों के मानसिक विकास से भिन्न परन्तु अधिक द्रुत, स्वभाव अधिक कोमल और प्रेम-घृणादि भाव अधिक तीव्र होते हैं। इन्हीं विशेषताओं के अनुसार उसका व्यक्तित्व विकास पाकर समाज के उन अभावों की पूर्ति करता रहता है जिसकी पूर्ति पुरुष-स्वभाव द्वारा सम्भव नहीं। इन दोनों प्रकृतियों में इतना ही अन्तर है जितना विद्युत और झड़ी में।

एक से शक्ति उत्पन्न की जा सकती है, बड़े-बड़े कार्य किये जा सकते हैं, परन्तु प्यास नहीं बुझाई जा सकती है। दूसरे से शान्ति मिलती है, परन्तु पशुबल की उत्पत्ति सम्भव नहीं है।"[14]

पुरुष व्यक्तित्व में लीन होने और समर्पण में स्त्री अपनी सार्थकता समझती रही है। सम्भवतः कुछ स्वभावजन्य विवशता के कारण भी उसमें इस कोटि का भाव मुखर हो जाता है। उसने सदैव घर-बच्चे और शान्त जीवन को अन्य प्राप्तियों पर वरीयता दी। इसलिए युद्ध उसके लिए रोमांच या अपनी सत्ता का विस्तार नहीं है जैसे पुरुष के लिए हुआ करता है। इसलिए भारती जी ने युद्ध के परिणाम और उससे परित्राण के लिए जिसे वक्ता और द्रष्टा के रूप में प्रस्तुत किया, वह स्त्री है। वह महीयसी है, कृष्ण की प्रिया है जिसके नेत्र विक्षेप मात्र से सृष्टि का लेख बदल जाता है; वह भी नहीं समझ पाती कि इस पूरे युद्ध आयोजन से हासिल क्या है? बड़े-बड़े शब्दों के मोहपाश में आकर भी वह इस संहार को किसी भी तरह उचित नहीं ठहरा पाती। उसे तो आज भी उस आम्रवृक्ष के तले अपार शान्ति मिलती है जहाँ कृष्ण उसके आगमन के लिए प्रतीक्षातुर रहा करते थे—

उस तन्मयता में/तुम्हारे वक्ष में मुँह छिपाकर/
लजाते हुए/ मैंने जो-जो कहा था/
पता नहीं उसमें कुछ अर्थ था भी या नहीं:.../
अब मुझे याद नहीं, पर इतना ज़रूर जानती हूँ
कि इस आम्र की डाली के नीचे/
जहाँ खड़े होकर तुमने मुझे बुलाया था
अब भी मुझे आकर बड़ी शान्ति मिली है।[15]

"वास्तव में वह पुरुष के दृष्टिकोण से युद्ध को देख ही नहीं सकती। कुछ स्वभाव के कारण और कुछ बाहर के संघर्ष में रहने के कारण पुरुष गृह में उतना अनुरक्त नहीं हो सका, जितनी स्त्री हो गयी थी। उसके लिए गृह का उजड़ जाना एक सुख का साधन बिगड़ जाना है, परन्तु स्त्री के लिए वही जीवन का उजड़ जाना है... युद्ध गृह के लिए प्रलय है, इसी से वह उससे विमुख रही है।...[16] और औरत के इस जेनेटिक स्वभाव पर कोढ़ में खाज वाला चिन्तन यह है कि स्त्री का व्यक्तित्व विश्व का कोई भी भूभाग हो, सामाजिक एवं सांस्कृतिक

कंडीशनिंग से ही जो निर्मित होता है। अपने को सम्पूर्णत, 'दे देने' या दलित द्राक्षा की तरह विसर्जित करने भाव से ही उसकी नसों में बह रहे रुधिर को स्पन्दित करता है, लेकिन इस आत्मोसर्ग का परिणाम क्या? उसका वह प्रिय उसके उजासमय स्वप्नों पर तुषारापात कर महत्जीवनानुद्देश्य के सन्धान में उसके अस्तित्व कों अनचीह्ना कर आगे बढ़ जाता है। जब वह निस्पृह भाव से अपनी परिस्थिति और स्वत्व का सन्धान करती है तो जो उपलब्ध सत्य उसके हिस्से आता है, वह है–

नीचे की घाटी से/ऊपर के शिखरों पर
जिसको जाना था वह चला गया–
हाय मुझी पर पग रख/मेरी बाँहों से/
इतिहास तुम्हें ले गया!
सुनो कनु, सुनो/
क्या मैं एक सेतु थी तुम्हारे लिए/
लीलाभूमि और युद्ध क्षेत्र के/
अलंघ्य अन्तराल में।[17]

पुरुष अकेले ही इतिहास का रचयिता और भोक्ता बनना चाहता है, ताकि मनोनुकूल ढंग से भविष्य को अपने पक्ष में कर सके। कनु सामान्य पुरुष नहीं हैं, इसलिए कनुप्रिया की वेदना और उसका हृदय को उन्मथित करने वाला प्रश्न उसी तक सीमित न होकर पूरी स्त्री-जाति का प्रश्न बन जाता है। वह कनु से पूछती है कि जो उसके अन्तरतम की सहभोक्ता थी, जीवन के गहनतम क्षणों की साथिन थी, उसे इतिहास-निर्माता कृष्ण ने क्यों विस्मृत कर दिया, क्या उसकी निर्मिति में उसका कोई सहयोग नहीं था? उसके बिना कोई इतिहास विश्वसनीय कैसे हो सकता है? सच तो यह है कि "नारीहीन तपस्या संसार की भद्दी भूल है। यह धर्म-कर्म का विशाल आयोजन, सैन्य संगठन और राज्य व्यवस्थापन सब फेन-बुद्बुद् की भाँति विलुप्त हो जायेंगे; क्योंकि नारी का इसमें सहयोग नहीं है। यह सब ठाठ-बाट संसार में केवल अशान्ति पैदा करेगा।"[18] बावजूद इसके नारी के विरुद्ध ऐसा षड्यन्त्र सदैव से पितृसत्तात्मक वैचारिकी रचती आ रही है कि इतिहास के परिदृश्य से स्त्री को ग़ायब कर दो, ताकि उसके महत योगदान, उसकी आत्मीयता की गवाह कोई तारीख़ न बन सके। अनामिका जी ने बड़े सटीक ढंग से इस सच को पकड़ा है–

आज मैं इतिहास से टकरा गयी/
लेकिन वह मुझ को पहचान ही नहीं पाया
भूल चुका था मुझ को पूरा ही/
भूल चुका था कि मैं उसकी ही कक्षा में थी।[19]

कनुप्रिया स्वभाव एवं प्रकृति से प्रेम की साम्राज्ञी होने के साथ स्वाभिमानी हैं, अतः अपने अस्तित्व के लिए जागरूक तथा स्वतन्त्रता की पक्षधर भी। अकुण्ठ प्रेम एवं निःशेष सेवाभाव उसके जीवन और अस्तित्व का मूलाधार भी है और प्राण-प्रश्न भी। इसलिए वह बारम्बार प्रश्न करती है, अपने स्वत्व को पहचानने की कोशिश में कई प्रयोग करती है, भटकती है, बेचैन रहती है और स्त्री होने के वास्तविक अर्थ तलाशती है और अन्तः में जो जीवनानुलब्ध सत्य उसे शान्ति देता है, उसके दग्ध हृदय के ताप को शमित करता है वह है—अपने आप को निःशेष भाव से दे देना। कनुप्रिया में अपने प्रश्नों से पुरुष प्रधान समाज को गहरे विमर्श के लिए विवश करने की अद्भुत क्षमता है। अपने प्रेम के लिए उसका मुखर साहस आश्चर्यजनक ढंग से उसे आधुनिक बनाता है। यह स्त्री कुछ नये ढंग की है क्योंकि उसे अपने स्त्रीत्व, अस्तित्व के गौरव की रक्षा और देश पर आसन्न युद्ध के समय भी अपने देवता से भी प्रश्न करने से वह चूकती नहीं है। भारतीय स्त्रियों की आधुनिकता और वैचारिक स्वतन्त्रता पश्चिमी तौर-तरीक़ों से अलग है। वे अपनी सफलता भले ही वर्चस्व प्राप्ति में मानती हों, किन्तु उसकी सार्थकता स्वयं को दलित द्राक्षासम निचोड़कर ढरका देने में ही है। वे आनन्द लुटाने आती हैं। यह आनन्द लुटाना स्वयं को हाशिये पर धकेलना नहीं है, बल्कि उस सुख और सन्तोष के समान है जो हम किसी पर करुणा बरसाकर शान्तरस में पर्यवसित होने में पाते हैं। इसलिए कनुप्रिया भी युद्ध से थके हताश-निराश कृष्ण को अपने पाश में कसती है और उसे शिशुवत दुलार देती है। दरअसल, "पुरुष की शक्ति और दुर्बलता उस नारी से नहीं छिपी रही होगी, जिसने पुरुष की बर्बरता को पराभूत कर उसकी सुप्त भावना को जगाया। इन पवित्र गृहों की नींव स्त्री की बुद्धि पर रखी गयी है, पुरुष की शक्ति पर नहीं। अपनी सहज बुद्धि के कारण स्त्री ने पुरुष के साथ अपना संघर्ष भी नहीं होने दिया। यदि होने दिया होता तो मानव जाति की दूसरी ही कहानी होती।"[20] यहाँ युद्ध की विनाशकारी लीला के परिणामों को कनुप्रिया की दृष्टि से देखा गया है। जो युद्ध के भागी थे, चाहे वह द्रौपदी ही क्यों न हो, युद्ध के दौरान आत्मनिरीक्षण और

आसन्न भयंकर परिणामों की दुश्चिन्ता का अवकाश ही कहाँ था उनके पास, लेकिन जो आम नागरिक युद्ध में शामिल नहीं होते, विशेषकर महिलाएँ, उन्हें उसके दूरगामी परिणाम भुगतने पड़ते हैं। "जिन देशों में लोगों ने लड़ाई करना ही पुरुषों के लिए परम गौरव का विषय मान लिया है। इसी विचार से जो बराबर लड़ाइयाँ लड़ते रहते हैं और लोकक्षय करके एक तरह से अपने यहाँ स्त्रियों के अनुपात में वृद्धि करते हैं, उन्हीं देशों में नारी का मूल्य घटा है।"[21] वैसे सच ही है कि 'युद्ध कहीं भी हो मारी औरत ही जाती है।' लेकिन जब युद्धोन्मत पुरुषों का अहंतापशमित होता है, तब तक सभ्यता दूसरी करवट ले चुकी होती है, एक पूरी पीढ़ी का संहार हो गया रहता है, इतिहास लहूलुहान हो चुका होता है। युद्ध से बच निकले पुरुषों के हृदय में परिताप और पश्चात्ताप के अलावा कुछ शेष नहीं रह जाता और फिर लौटना चाहा है, उसी शीतल छाँह की ओर जिससे विमुख हो, स्वत्व के विस्तार और प्रसार की कामना उसे रणभूमि तक खींच कर ले गयी थी और अब वही स्त्री बाँहें पसारे उस थकित-चकित-भ्रमित पुरुष को मृगछौने की भाँति उसे अंक में समेट लेने के लिए प्रतीक्षारत है—

तुमने मुझे पुकारा था न /मैं आ गयी हूँ कनु/
और जन्मान्तरों की अनन्तपगडण्डी के/
कठिनतम मोड़ पर तुम्हारी प्रतीक्षा कर रही
हूँ/
कि इस बार इतिहास बनाते समय/
तुम अकेले न छूट जाओ![22]

इतिहास का रुख़ मोड़ने और विजय को अपने पक्ष में करने के बाद भी कृष्ण को जो हासिल हुआ उसने उन्हें भीतर से रिक्त कर दिया। यश, विजय और विस्तार उन्हें वह रोमान और आन्तरिक सुख नहीं दे पाया जो राधा को सहज भाव से, सहज रीति से अपने आपको निःशेष भाव से सौंप देने पर प्राप्त हुआ। अपने बावलेपन और नादानियों को वह अपनी अमूल्य निधि समझती है, क्योंकि हरबार उसका बावलापन, सीधापन उस अडिग, निर्लिप्त, वीतरागी, निश्चल कृष्ण को उसे बाँहों में कसकर बेसुध कर देने पर बाध्य कर देता है :

मेरे हर बावलेपन पर/
कभी खिन्न होकर, कभी अनबोल ठानकर, कभी
हँसकर/

तुम जो प्यार से अपनी बाँहों में कसकर/
बेसुध कर देते हो/उस सुख को मैं छोड़ू क्यों/
करूँगी/बार-बार नादानी करूँगी/
तुम्हारी मुँहलगी, जिद्दी, नादान मित्र भी तो हूँ न!/[23]

कनुप्रिया की इसे, उसे, कृष्ण और कभी अपने को नहीं समझ पाने की नादानी उसे अपने सखा के और निकट ले आती है। वह तत्त्वज्ञानी नहीं होना चाहती; बस कनु के बाहुपाश में बँधकर बेसुध हो जाने में ही अपने अस्तित्व की सार्थकता पाती है। कनुप्रिया के मन में उस इतिहास पुरुष कनु के अलौकिक और विराट रूप देखकर उसके मन में संशय का घटाटोप छा जाता है। भ्रम का गुँजलक उसके मनोमस्तिष्क पर कुण्डली मार कर बैठ जाता है। वह विभ्रम की स्थिति में पूछती है–

उस दिन बरसते में जिस छौने को/
अपने आँचल में छिपाकर लायी थी/
वह आज कितना, कितना, कितना महान् हो गया है
लेकिन मैं कुछ नहीं सोच पाती/सिर्फ़-/
जहाँ तुमने अमित प्यार दिया था/
वहीं बैठकर कंकड़, पत्ते, तिनके, टुकड़े चुनती रहती हूँ/
तुम्हारे महान बनने में/
क्या मेरा कुछ टूटकर बिखर गया है कनु![24]

स्त्रियाँ त्याग-बलिदान से नहीं कतरातीं, बस अपनों की दृष्टि में स्वीकरण और क़द्रदानी चाहती हैं, प्रेम और आश्वस्ति के दो बोल सुनना चाहती हैं, 'हम सँवरे दुई बोल।' कनुप्रिया के ही हाथ में इस काव्य के समस्त घटनाक्रम का सूत्र है। भारती जी युगों-युगों से राधा के व्यक्तित्व के अभिन्न अकुण्ठ प्रेमभाव का समायोजन करने के साथ अपने समय, समाज और संस्कार के लिहाज़ से उसे क्रान्तिकारी ढंग से रच रहे थे और अपनी सम्भाव्य चेतना (Potential consciousness) के बल पर उसे जो आज़ादी दे रहे थे, वह किसी भी पुरुष सत्तात्मक समाज के आँख की किरकिरी बन सकती थी, क्योंकि उस समय और कमोबेश आज भी, इतिहास के तिथियों और घटनाओं में दर्ज होने के बजाय केवल अन्तःपुर की मर्यादाओं का निर्वहन स्त्रियों के हिस्से ही आता था और

आता है। अन्याय के लिए असहिष्णु होना मनुष्य के जीवित होने का सबसे बड़ा प्रमाण है, किन्तु 'ध्वंस के लिए ध्वंस' का सिद्धान्त मनुष्य मात्र की रागात्मक संवेदना और सृजनेच्छा का विलोपन है।

कनुप्रिया के व्यक्तित्व का अपना वैभव है, अपना अभाव और साम्राज्य है। वह नारी-गुणों की सम्पूजित निधि है। जीवन-वृक्ष की शाखाओं पर लदे अनुभवजन्य पुष्पों की सुगन्ध से उसका व्यक्तित्व आपूरित है। वह ऐसी समिधा का उत्तमांश है जो जीवन के हवनकुण्ड में होम होकर उससे निःसृत पवित्र गन्ध से अपने श्रद्धा के आलम्बनों को भी पावन कर देती है। अपने आराध्य पर अटूट विश्वास, अगाध नेह और निष्ठा के बावजूद उससे तीखे और माकूल प्रश्न पूछने वाली है। अपने भीतर साहस की स्रोतस्विनी बहाकर नूतन स्वरूप का सन्धान करने वाली कनुप्रिया प्रेम को प्राथमिकता देने वाले लाखों-करोड़ों सहज विश्वासी सामान्य मनुष्यों के लिए अजस्र प्रेरणा-स्रोत है। मिथकीय होते हुए भी उस लीलाधारी राधा से भिन्न है जो कृष्ण के साथ रास रचाकर उनके जीवन और भविष्य की घटनाओं से ग़ायब हो जाती है। कृष्ण के मथुरा जाने के बाद राधा का क्या हुआ, अपने इतिहास एवं भविष्य-निर्माता दिव्य प्रेमी की वैभवशाली गाथाओं का उसके सुकोमल मन पर क्या प्रभाव पड़ा होगा, किसी समय उसके अनन्य अनुरागी रहे कृष्ण किन कारणों से उसे विस्मृत कर गये, ये सवाल पौराणिक सन्दर्भों में अनुत्तरित रह गये थे। भारती जी कनुप्रिया के माध्यम से उन सवालों को सम्बोधित करते हैं। उनकी कनुप्रिया मन के गहन अन्तर्द्वन्द्व का प्रतीक बनकर उभरी है जो बाहर के ज्वार-भाटा और चरम उद्वेग के बीच अपने अन्तःकरण से हमारा साक्षात्कार कराती है। वह जानती है कि उसके बिना इतिहास एकांगी है, अपाहिज है, रक्त-पिपासु है। इसलिए वह घोषणा करती है–

बिना मेरे कोई भी अर्थ कैसे निकल पाता
तुम्हारे इतिहास का/शब्द, शब्द, शब्द/
रक्त के प्यासे/अर्थहीन शब्द ![25]

कनुप्रिया 'अन्धायुग' के बाद की रचना है। अन्धायुग का जो स्वर है और उसकी जो लोकप्रियता है, उसके बाद 'कनुप्रिया' जैसी कृति का प्रणयन और आधुनिक भावबोध के बहुत सारे सवाल मनोमस्तिष्क के पट खोल देते हैं। 'अन्धायुग' के माध्यम से इतिहास की दुर्दान्त शक्तियों एवं गति के बाह्य स्वरूप पर गान्धारी, युयुत्सु एवं अश्वत्थामा के माध्यम से उन्होंने विचार किया है, लेकिन कनुप्रिया

उस भावोद्वेलन को आत्मिक गाथा में परिवर्तित कर अन्तस्थल की यात्रा सुगम करती है और तत्त्वदर्शी एवं इतिहासवेत्ता कनु को समय और इतिहास के कठघरे में खड़ा कर बेहद गम्भीर और ज्वलन्त प्रश्नों को हवा देती है। उन दुर्लभ क्षणों की खोज को वह जीवन की महत्तम उपलब्धि मानती है जिसमें भूत, वर्तमान और भविष्य एकभूत हो जायें और हमें हमारे भौतिक और भौगोलिक पहचान से च्युत कर दें। रागतत्त्व की रमणीयता के साथ बौद्धिक उत्कर्ष की आभा इस कृति में पदे-पदे विद्यमान है :

शक्ति सी, ज्योति सी, गति सी, फैली हुई मैं
अकस्मात् सिमट आयी हूँ, सीमा में बँध गयी हूँ
पर मुझे जब चेत हुआ/तो मैंने पाया कि हाय सीमा कैसी
मैं तो वह हूँ जिसे दिग्वधू कहते हैं, कालवधू—
समय और दिशाओं का सीमाहीन पगडण्डियों पर—
अनन्त काल से/अनन्त दिशाओं में
तुम्हारे साथ चलती चली आ रही हूँ, चलती/
चली जाऊँगी...[26]

कनुप्रिया वाह्य से अन्तर्मन की अविराम यात्रा का प्रतीक है। जिस युद्ध जनित विध्वंस के बाह्य स्वरूप का दिग्दर्शन अन्धायुग में भारती जी ने कराया था, उसी की आन्तरिक जद्दोजहद और भीतरी नदी की यात्रा का कनुप्रिया में दर्शन होता है। काव्य का समापन इस आशावादी दृष्टिकोण में हुआ है कि युद्धभूमि में गये कृष्ण युद्ध की निरर्थकता को सिद्ध करेंगे और थक-हारकर उसी लीला भूमि में लौटेंगे, जहाँ राधा चिरकाल से उनकी आकुल प्रतीक्षा में है। हमारा देश राजनीतिक, सामाजिक एवं सांस्कृतिक विघटन-बोध से ग्रस्त है। इस मूल्यहीन विघटित स्थिति में कनुप्रिया का मूल सन्देश मूल्यवान योगदान दे सकता है। जाति, व्यक्ति, राष्ट्र, धर्म, न्याय, स्वतन्त्रता, सुरक्षा के साथ अपने स्वत्व एवं अधिकार की भावना को जोड़कर पुरुष सदैव युद्ध को न्यायोचित ठहराता आया है। कनुप्रिया इसी आधिपत्य भाव और विस्तार की भूख के ख़िलाफ़ सूक्ष्म विद्रोह करती है। व्यक्ति जीवन की सार्थकता सामाजिक जीवन में लय होकर आत्मचेतस होने में है। प्रेम और प्रगतिशीलता में कोई अन्तर्विरोध नहीं है। जीवन से मूल्यवान कुछ भी नहीं है, कोई नहीं है :

इस दुनिया में/आदमी की जान से बड़ा/
कुछ भी नहीं है/
न ईश्वर/न ज्ञान/न चुनाव/
जो विवेक खड़ा हो लाशों को टेक/
वह अन्धा है/
जो शासन/चल रहा हो बन्दूक की नली से/
हत्यारों का धन्धा है
याद रखो/एक बच्चे की हत्या/एक औरत की मौत/
एक आदमी का गोलियों चिथड़ा तन/
किसी शासन का नहीं/
सम्पूर्ण राष्ट्र का है पतन।[27]

सन्दर्भ

1. अनुराधा : *फिलहाल,* मई 2009 : डॉ. रवीन्द्र कुमार पाठक; समान्तर-दृष्टि की चाह, यश पब्लिकेशंस, 2013, पृ. 95 पर उद्धृत
2. *कालयात्री है कविता* : प्रभाकर श्रोत्रिय, राधाकृष्ण प्रकाशन, प्र.सं. 1993, पृष्ठ 42
3. *हम सभ्य औरतें* : मनीषा, सामयिक प्रकाशन, प्र.सं. 2008, पृष्ठ 182
4. डॉ. आभा गुप्ता : *रंगपट* (कविता का रंगमंच) भाग 2, पृष्ठ 152
5. *श्री राधा का क्रम विकास* (दर्शन और साहित्य में) : डॉ. शशिभूषणदास, गुप्त, हिन्दी प्रचारक पुस्तकालय, प्र.सं.–1956, वाराणसी, पृष्ठ 105
6. *कनुप्रिया* : धर्मवीर भारती, भारतीय ज्ञानपीठ, आठवाँ संस्करण 1984, प्राक्कथन
7. *कनुप्रिया* : धर्मवीर भारती, भारतीय ज्ञानपीठ, आठवाँ संस्करण 1984, पृष्ठ 31
8. *कनुप्रिया* : धर्मवीर भारती, भारतीय ज्ञानपीठ प्रकाशन, आठवाँ संस्करण 1984, पृष्ठ 32
9. *कनुप्रिया* : धर्मवीर भारती, भारतीय ज्ञानपीठ, आठवाँ संस्करण 1984, पृष्ठ 66-68
10. *कनुप्रिया* : धर्मवीर भारती, भारतीय ज्ञानपीठ प्रकाशन, आठवाँ संस्करण 1984, पृष्ठ 37-38
11. *हिन्दी साहित्य का इतिहास* : डॉ. नगेन्द्र (सम्पादक), मयूर पेपरबैक्स, 33वां सं, पृष्ठ 642
12. *श्रृंखला की कड़ियाँ* : महादेवी वर्मा, लोकभारती प्रकाशन, प्र.लो.भा. सं. 1997, पृष्ठ 32
13. *कनुप्रिया* : धर्मवीर भारती, भारतीय ज्ञानपीठ प्रकाशन, आठवाँ संस्करण 1984, पृष्ठ 65
14. श्रृंखला की कड़ियाँ : महादेवी वर्मा, लोकभारती प्रकाशन, प्र.लो.भा. सं. 1997, पृष्ठ 12
15. *कनुप्रिया* : धर्मवीर भारती, भारतीय ज्ञानपीठ प्रकाशन, आठवाँ संस्करण 1984, पृष्ठ 61

16. *शृंखला की कड़ियाँ* : महादेवी वर्मा, लोकभारती प्रकाशन, प्र.लो.भा. सं. 1997, पृष्ठ 31
17. *कनुप्रिया* : धर्मवीर भारती, भारतीय ज्ञानपीठ प्रकाशन, आठवाँ संस्करण 1984, पृष्ठ 60
18. बाणभट्ट की आत्मकथा : हज़ारीप्रसाद द्विवेदी, राजकमल पेपरबैक्स, 10वाँ सं. 2004, पृष्ठ 119
19. *अनामिक* : टोकरी में दिगन्त, राजकमल प्रकाशन, प्र.सं. 2015 पृष्ठ 110
20. *शृंखला की कड़ियाँ* : महादेवी वर्मा, लोकभारती प्रकाशन, प्र.लो.भा. सं. 1997, पृष्ठ 29
21. *शरदसमग्र* : विश्वनाथ मुखर्जी (सम्पादक), हिन्दी प्रचारक संस्थान, प्रथम खण्ड, पृष्ठ 637
22. *कनुप्रिया* : धर्मवीर भारती, भारतीय ज्ञानपीठ प्रकाशन, आठवाँ संस्करण 1984, पृष्ठ 76
23. *कनुप्रिया* : धर्मवीर भारती, भारतीय ज्ञानपीठ प्रकाशन, आठवाँ संस्करण 1984, पृष्ठ 29
24. *कनुप्रिया* : धर्मवीर भारती, भारतीय ज्ञानपीठ प्रकाशन, आठवाँ संस्करण 1984, पृष्ठ 62-63
25. *कनुप्रिया* : धर्मवीर भारती, भारतीय ज्ञानपीठ प्रकाशन, आठवाँ संस्करण 1984, पृष्ठ 79
26. *कनुप्रिया* : धर्मवीर भारती, भारतीय ज्ञानपीठ प्रकाशन, आठवाँ संस्करण 1984, पृष्ठ 36
27. www-kavitakosh-org

❑❑